ことばはちからダ！

河合塾
SERIES

現代文キーワード

入試現代文最重要キーワード20

河合塾講師
牧野剛
吉田秀紀
前島良雄
三浦武
後藤禎典
共著

河合出版

まえがき

大学入試・センター試験の、特に評論文の様変《さまがわ》りにはめざましいものがあります。石原千秋成城大学教授の『教養としての大学入試国語』（ちくま新書）によれば、その特徴は、⑴近代批判、⑵論理性、にあるということです。つまり、内容として一昔前の文芸物、文芸評論などが姿を消した、あるいは減ったということでしょう。

とすれば、そうした傾向・動向に基づいて、「現代文」読解に必要で、重要な、キーになる「言葉」も変化しているはずです。この点をまず押さえることが、本書を作ることにした第一の目的でした。

しかも、そうした「言葉」は抽象的で難しいものが多い。従来の類書はそれをまた、厳密に定義しようとするためか、難しい内容で置き換えたようなものが多いのですが、それは、現代文嫌いを作る原因にこそなっても、少なくとも、「文章を読める」ようにはしていないと私達は考えました。つまり、説明は出来るだけ易しく、イメージアップされるように、を目指しました。

また、「言葉」の数を限定し、その「言葉」をレベルで分けることとしました。考えてみて下さい。重要な「言葉」が数百語も続くものを、本当に心から読み、考え、記憶できるでしょうか。基本的で、絶対に重要な語の数には限りがあり、また言葉の重要性にはいくつもの層があると、私達は考えました。そして、それを、四グループに分けて、章としたのです。

こうした、私達の意図や目的を理解していただけたら、まず第一、二章を丁寧に何度も読んでいただきたい。そして、その説明にそって、センター試験を中心とした、少々長い文章を読んで、考え、練習問題で、そうした「言葉」が実際に使えるかどうかを確かめて下さい。特に第二章では、テーマにそって、「近代批判」とは何か、その周辺にある類語群を、本書を何度も読みながら理解して下さい。これだけでも随分、評論文が読みやすくなると思われます。

「説明は出来るだけ易しく、分かりやすく」を目指していますが、それに基づいて、何とか理解してほしいと考えている文章のレベルは、誤りなく、センター試験の第1問の評論文であることは、申しそえておきます。

第三、四章では、第一、二章の言葉より重要度は低いけれど現代文を読解するうえで欠かせないものを選びました。コラムでは、小説等の読解のための特殊な「言葉」や、知っているとトクになる情報も掲載しました。また、単に読めればよい言葉、その他も付しました。本文のさまざまな箇所から重要語を検索できるような工夫もしました。つまりすべてを革新（イノベーション）しました。

とにかく、文章を読む作業の一本の柱が「言葉」の問題であることには、強く心して下さい。

二〇〇一年三月

執筆者
牧野　剛
吉田秀紀
前島良雄
三浦　武
後藤禎典

本書の使用法と特長

（「まえがき」「使用法と特長」「各章の使い方」を最初に読んで下さい。）

1　第一章は、「近代批判」「論理性」という特徴を持つ流行の評論文（代表例は、センター試験の第1問）を読むために、絶対に必要な「言葉」20語です。これは、大学受験のための最低の基礎です。何度も解説を読んで、自分なりに理解しよう。少々長い、大学入試の問題文や言葉の使い方の問題もあるので、やってみよう。

2　第二章は、このところの文章の流行である「近代批判」「脱近代」をめぐる重要なテーマであり、ここは、ある意味では読み物、あるいは読解を助ける背景的な説明です。5つのテーマ「近代・科学と人間・文化と文明・身体・情報」をめぐって、その周辺に登場する類語も含めて説明してあります。ここは軽く読み流してもかまいませんが、これらを理解すると現代文読解力は飛躍的に伸びるでしょう。

3　第三、四章の「重要語Ⅰ・Ⅱ」は、少なくとも第一章が分かった後に取り組むべきです。語数は（32＋36）68語ですが、ここの理解度が、入試では差をつけるでしょう。

4　「読めればよい熟語」というのもあります。これも従来、重要語に入れられることが多かったのですが、別にまとめました。

5　小説に出て来る、今の受験生には分かりにくい言葉や語句は、問題として一定の処理をして取り上げました。

6　「コラム」として、面白い話題、他で取り上げられなかったものなどを取り上げました。

7　重要語を検索しやすいようにしました。

8　読みやすさ分かりやすさを目指して、図示やカット、割りつけにも努力しました。

目次

第四章　重要語II（36語）―余裕の読解へ―

知っていると得する熟語

コラム

小説のことば

第一章　読解語（20語）

基礎的な体力をつける

本章では、評論文を読むための、基礎的で最も重要な言葉を取りあげます。何度も何度も読んで、イメージを理解しましょう。実は、これだけでも理解すれば、ある日、評論文が読めている自分を発見することになります。例文や練習問題もやってみましょう。

ここを鍛えれば、現代文と闘うときの基礎体力はつきます。

非日常　いつもとちがうこと！

次の例文わかる？

毎日会社で働くサラリーマンにとって、ディズニーランドは**非日常**の空間であるといえよう。

この例文は、ズバリ、「毎日会社で働くサラリーマンにとって、ディズニーランドは**いつもとちがう**場所であるといえよう」という意味です。

「**非日常**」とは、詳しく説明すると、「**日々繰り返される何の変哲もない世界からの脱出をイメージさせる世界のこと**」です。毎日、会社での労働を繰り返すサラリーマンにとって、会社は日々労働が繰り返される何の変哲もない世界であり、ディズニーランドはそこからの脱出をイメージさせる、いつもとちがう空間(＝場所)だということになります。

もちろん、ディズニーランドで毎日働いている人や、毎日遊んでいる人にとって、ディズニーランドは非日常的な場所ではない、つまり「日常」の場所ということになります。しかし、君たちが出会う文章の多くは、日々繰り返される「労働」や「勉強」に対して、そこからの脱出をイメージさせる、「**祝祭**」「**旅**」「**遊び**」などを「非日常」としています。

対になる語

日常　いつもくりかえされること

「日常」とは、「日々繰り返される何の変哲もない世界のこと」です。君たちが出会う文章の多くは、**「労働」**や**「勉強」**などをこれにあてています。

ところで、「日常」は「非日常」と対立するものですが、一方で、互いに補《おぎな》い合う関係があることにも注意しておきましょう。私たちはどちらかだけの世界では生きていけず、両方の世界を行ったり来たりしながら、バランスをとって生きているのです。

例文

仕事先への飛行機による移動も、いまやすっかり**日常**のものとなった。

仕事先への飛行機による移動も、いまやすっかり**いつもくりかえされる当たり前の**ものとなった。

関連する語

【ハレ】＝非日常

民俗学では**「非日常」のこと**を**「ハレ」**と言います。「ハレ着」「ハレの舞台」「ハレの門出《かどで》」という言葉があるように、あらたまった状態やめでたい状況を指す言葉として使われてきました。あらたまった席やめでたい席が、紅白の幕などで飾られるのは、そうした場が、「非日常」的空間であることを示すためなのです。

【ケ】＝日常

民俗学では**「日常」のこと**を**「ケ」**と言います。「ハレ」とは対になる言葉です。日常的な普通の状況を指す言葉として使われてきましたが、君たちが出会う文章では、「ハレ」とセットになって出てくるのがほとんどです。

少し長い文章を読んでみよう

いまでこそ子どもは、NASA《アメリカ航空宇宙局》の映像やアニメーションや絵本やおもちゃを通じて、「宇宙」という**非日常的な概念**《いつも考えていることとは違うことについての考え》や無重力状態という不思議な状態のことなどがあたりまえの情報として伝えられる環境のなかにおかれている。かれら《いまの子どもたち》はすでに幼児期からそういう事実《宇宙は無重力状態であるという事実》をそういう事実として受け取っているかも知れない（感覚としてそうすんなりと理解できているとは思えないが）。

しかし私が小学校に入学したのは、一九五四年である。当時は、人工衛星もまだ飛んではいなかったし、テレビも普及していなかった。だから、そうした《宇宙とか無重力とかいった》**日常生活**《いつもの当たり前の生活》から遊離したようなテーマが、これくらいの《小学校に入学したくらいの》年齢の子どもの間で、自然に語られる話題として流通することはほとんどありえなかった。その意味では、私がそんなことを話題にしたこと自体、少々エキセントリック《普通と著しく違っていた》だったとはいえるだろう。

'99年センター（小浜逸郎『大人への条件』）

「いま」の子どもである君たちは、この文章の初めにあるように、「ＮＡＳＡの映像やアニメーションや絵本やおもちゃ」を通じて、「宇宙」とか「無重力状態」とかいったことを、「あたりまえ」のこととして受け取っているのではないでしょうか。そんな君たちだから、それらが文章の二行目にある「『宇宙』という**非日常的な概念**」という部分、つまり、かつて「宇宙」が「非日常的な概念」であったということが分かるかどうかが、読解上の大きなポイントになります。

　第二段落にあるように、「人工衛星」も飛んでいない、「テレビ」も普及していない筆者の子ども頃には、「宇宙」とか「無重力」とかいった話題は、「**日常生活**から遊離したテーマ」であり、「自然に語られる話題」ではなかったのです。つまり、「宇宙」とか「無重力」とかいった話題は、「いつも考えているようなことではない」テーマであり、「あたりまえ」のように語られる話題ではなかったということです。

　だから、筆者は「宇宙」のことを、「いつも考えているようなことではない」、つまり、「非日常的な」概念（P.72）と表現したのであり、子どもの頃にこれを話題にしたことを「エキセントリックだった」と述べたのです。

○・×どっち？

① かつて、「旅」は、人々にとってもっと**非日常的**な経験であったはずだ。

② **日常**がもたらすものは、慣れと、それに伴う倦怠感《けんたいかん》であった。

③ 休日出勤の多い職業は、**非日常的**な性格を帯びてくることになる。

③　どんな職業も、その勤務内容は、いつ出勤しようがほぼ日々の繰り返しなので、「非日常的」とは言えません。　**答え**　①＝○　②＝○　③＝×

時間・空間（時空）

時・所のひろがり！

次の例文わかる？

その文化が持つ、私を和《なご》ませる雰囲気は、時間・空間を超えて、揺りカゴの中の休息を思わせるものである。

時間・空間には、「その時の・その場所で」という限定をもたらすものと、逆に、「その時・その場所」を超えて「いつでも・どこでも」という意味の、両様が存在しますが、ここでは、「超えて」とある以上、前者の「限定」のつもりでの使用ということになります。

「その（ある時代の・ある場所での）文化」は、当然にも、「その時代」特有の、「その場所」特有の、「文化」でしかありません。しかし、「その文化」が「私を和ませる雰囲気」を持ち、それが、まるで赤ちゃんだったころ、母の胸や揺りカゴですごした時のように安らかで、特定の時間や場所を超えたような、何かよい気持ちをもたらすのでしょう。それゆえに、「時間・空間を超えて」、つまりいつでも、どこでも成立する「普遍的な母の胸のような」ものを、「私」に思わせたというわけです。

「**時間・空間**」はともに、「時」「所」という軸の違いはあっても、「**間**《ま》」、つまり、「**あいだ」の意識**、「**AからBまで**」の意識に関係があります。**「AからBまで」の「あいだ」を、「時のひろがり」として意識するときには「時間」**となり、**「所のひろがり」として意識すれば「空間」**となるというわけです。

普遍・特殊

関連する語　いつでもどこでも・あるときあるところ

「カソリック」という宗派は、もともと「普遍」という意味を自分達の名前にしているだけあって、世界中どこへでも、布教に行く性質を持っていた。

この例文の中の「カソリック」は、その名前の通り、**「いつでも、どこでも、誰にでも成立」**する宗教として、世界全体に布教に赴《おもむ》きました。その点では、「成立」というより、「成立させたい」という「普遍願望」であったという方が正確かもしれません。

一方**「特殊」**は、**「ある特定のとき、ある特定の場所で、ある人にのみ成り立つ」**ことを表わしています。「普遍」、「特殊」とも、詳しくは次項（P.20～23）を見てください。

彼の彼女への特別で**特殊**な思いは、ほとんど恋といってよいほどであった。

当然にも、ある「恋」は、ある人のみに成り立つ「特別で特殊な思い」ですよね。

【時空を超えて】＝普遍的に

ほぼ、「普遍的に」と同意です。「時空を超え」れば、「いつでも、どこでも、誰にでも成立する」からです。それゆえ、「時空を超えた愛」＝「普遍の愛」と言えるでしょう。そして、それは、「人間の愛」というよりも、「神の愛」→「カソリック」という形につながって行くものであるといえるでしょう。

【一般】⇩P.21参照

少し長い文章を読んでみよう

①……歴史的驚きの発見は、（文化人類学的驚きの発見が、共時的《同じ時に》に存共する異文化との《地域が異なる文化との》接触による自己の解体《いままでの自己を変えること》に連なるのと同じように、）継時的《時間の流れの中で》に存在する異文化との《今とは異なる過去の文化との》接触による自己の解体作業に連なるのだ、と言うことができよう。

文化人類学型にせよ、歴史研究型にせよ、いずれの場合にも、時間軸《共時的か継時的かの》の違いこそあれ、結局は、知的営為《えいい》《いとなみ》が、自己の確認と自己の解体《自己を変えること》ということを目指しているのであるとすれば、多かれ少なかれ《多いか少ないかは別として》すべての学問は、これと同じ構造を《異文化と出会って自己を変える》もっているのではなかろうか。

（『自己の解体と変革』）

②サモトラケのニケ《ルーブル美術館にある勝利の女神像》の想像力の空間《聖なるひろがり》に向かい、その空間《聖なるひろがり》を失われた頭部から放たれる視力で追いかけている。むしろその視力は風の空間《聖なるひろがり》を迎えいれようとしている。風が起こったことによって、はじめて人間のまわりに空間《聖なるひろがり》が生じ、人間はむき出しの、孤立した人間でなくなり、空間《聖なるひろがり》の中に包まれた人間という意味を獲得するだろう。

（『神話空間の詩学』）

①'83年共通一次・村上陽一郎　②'95年センター追試・高橋英夫

① この文章では、「**時間**」には、少なくとも「**共時**」・「**継時**」の二方向が考えられています。これは「**横軸**」・「**縦軸**」とも考えられますが、ここでは「同じ時間の中で」と考えるか、「過去・現在・未来」のように「流れる時の中で」と考えるかということです。そして、本文によれば、「文化人類学」は、「同じ時間」＝「共時」(P.155)の中で、空間として違う場所の、つまり異地域の「異文化」に出会って、単にその文化の不思議さに驚くだけでなく、自分の中の文化や、(こんな文化の無い) 自分とは何かを発見して、自分を変えて行くものです。それに対して、「歴史学」は、場所は同じでも、「過去」＝「継時」＝「違う時間」の中の異文化と出会って、自己を変化させるというわけで、構造は、軸の違いをのぞけば、同じであるというわけです。

② 「**空間**」が何度も出て来る、抽象(P.24)的な文章です。「空間」は、ここで、「ものとものの間の広がり」と言う意味以上に、もっと抽象的な、「無限の広がり」、単なる「広がり」を意味していると考えられます。だから、それは「何か」とか「この世ならぬもの」とか「手にさわれないもの」「聖なるもの」を指しているととってもまちがいではないでしょう。

○・× どっち？

① その数学の公式は**時間**・**空間**にかかわらず成立する、普遍的なものである。

② **時間**とは、時と時の間の、時の流れの移動の量にかかわっている。

③ **空間**とは、あるものとものの間の、その広がりのことと理解してもよい。

---

② むしろ、「時間」は、時（例えば9時）からある時（例えば10時20分）まで（1時間20分）の間の時の流れの幅です。**答え** ①＝○　②＝×　③＝○

普遍　いつでもどこでも成り立つこと！

次の例文わかる？

> 人類は、科学によって、自然界に存在する**普遍**の法則を次々に明らかにしていった。

この例文は、ズバリ、「人類は、科学によって、自然界に存在する**いつでもどこでも成り立つ**法則を次々に明らかにしていった」という意味です。

「**普遍**」とは、詳しく説明すると、「**いつの時代でも、どこの場所でも、例外なくすべて成り立つこと**」ということです。人類は、科学によって、特に自然の対象化（P.41）を根本とする近代科学の成立によって、自然界を客体（P.37）として観察、研究し、そこに存在する、いつの時代でも、どこの場所でも成り立つ法則を明らかにしていったというわけです。

ところで、この「普遍」という言葉で注意しなければならないのは、この言葉には**「例外なく」というニュアンスがついてまわる**ということです。例えば、文章中に、ある芸術作品の呈する「美」が、「普遍美」だというようなことが書かれていた場合、その芸術作品の呈する「美」は、時代を超え、場所を超え、**すべて**の人びとに例外なく認められているものとして読まなければなりません。

人間が何かを美しく感じる心を持つということは、誰にでもあてはまることで、たしかに「普遍」だと言うことができます。しかし、何を美しく感じるかは、実際には、必ずしも全員に共通するわけではありません。それでも文章中に

「普遍美」とあった場合には、君たちがその芸術作品をダサイと思っていたとしても、そう読まなければならないのです（変な話ですネ）。

ちなみにこの「普遍」という言葉は、「**普遍的**」という形で、より多く文章に登場します。

対になる語

特殊　他にはあてはまらないこと

「**特殊**」とは、詳しく説明すると、「**他とは共通しない、ある時代、ある場所に固有のものであること**」ということです。例えば、他の人がまねできないような能力——スプーンを曲げるとか、宇宙人と交信するとか——がある場合、それは「特殊」な能力だということになります。それでは評論にありそうな、少し高尚《こうしょう》な例文をどうぞ。

例文　わが国の平安時代における散文による物語の発達は、世界的には**特殊な**ことであった。

わが国の平安時代における散文による物語（＝小説）の発達は、世界的には**他にあてはまるところのないような**ことであった。

関連する語

【一般】　多くにあてはまること

「**一般**」とは、「**多くに共通してあてはまること**」を意味していて、**例外の存在を前提として**いる点が「普遍」とは違っています。

少し長い文章を読んでみよう

自然科学の知《使えるように蓄えられた知識》を得るために、人間は自分を対象《相手（ここでは「自然」のこと）》から切り離して、客体《自分から切り離された相手（ここでは「自然」のこと）》を外から観察し、そこに多くの知識を得た。太陽を観察して、それが灼熱《しゃくねつ》の球体であり、われわれの住んでいる地球は自転しつつ、その《太陽の》周りをまわっていることを知った。このような知識により、われわれは太陽の運行を説明できる。

　このような自然科学の知は、「自分」《人間》を環境《自然》から切り離して得たものであるから、誰に対しても**普遍的に**《いつでも、どこでも》通用する点で、大きい強みをもっている。自然科学の知はどこでも通用する。しかし、ここで一旦《いったん》切り離した自分を、全体のなかに入れ、自分という存在とのかかわりで考えてみるとどうなるか。なぜ、自分はこのような太陽の運行と関連する地球に住んでいるのか。自分は何のために生きているのか、などと考えはじめるとき、自然科学の知は役に立たない。

'97年センター（河合隼雄『イメージの心理学』）

第一段落では、「人間」がどのようにして「自然科学の知」を得たかについて説明されています。「人間」は自分を「対象」(P.40)、すなわち「自然」から切り離し、その「自然」を「客体」、すなわち「自分から切り離された相手」として外から観察することによって、「知」を得たというのです。

それらの「知」は、「人間」と切り離されているゆえに、「人間」の影響を受けることなく、「**いつでも、どこでも**」通用します。これが、「**普遍的に**」通用するということです。

しかし、文章の後半で、筆者は「しかし、ここで一旦切り離した自分を、全体のなかに入れ……考えてみるとどうなるか」、つまり、一旦切り離した「人間」を「自然」のなかに入れて考えてみるとどうなるか、と問いかけ、「自然科学の知は役に立たない」ものになると結論づけています。

つまり、「普遍的」であるはずの「自然科学の知」には、「人間」を「自然」から切り離して考えた場合という、条件がついていたのです。本当に「普遍的」なのか、ある条件のもとで「普遍的」なのか(もち論、本当は矛盾していますが)は、きちんと押さえておく必要があります。

○・×どっち？

① 一部あてはまらない事例が存在するにせよ、これは**普遍**の法則である。
② かつてイラストを書くことは、一部の人の**特殊**かつ特権的な技能であった。
③ 社会**一般**の問題とはいえ、該当しない人もいることだろう。

① 「普遍」は「一般」と違って、「例外なく」というニュアンスがついてまわる言葉です。

答え　①＝×　②＝○　③＝○

抽象

共通の性質をつかむこと!

次の例文わかる?

> 我々がテストを不愉快に感じる理由の一つは、個性や独自性をそなえた「私」という一人の人間が、点数や偏差値といった**抽象的**なものに置きかえられてしまうところにある。

「抽象」とは**「他と共通する、ものごとのある側面、ある性質をとり出して把握すること」**です。例えば、今これを読んでいる君は、この世でたった一人のかけがえのない君自身だが、「高校生」とか「受験生」とか、さらには「人類」などともいえるでしょう。さて、そのように把握すると、君自身の「名前」、「髪型」、「話し方」などの**具体的な内容・性質は削られて**、「高校生」、「受験生」などといった他の多くの人達と**共通であるような面だけが残る**ことになります。その過程は**「抽象化」**といわれます。

例文のように、自分のさまざまな面から学力だけが抽象され、しかもそれを「点数や偏差値」といった数字でより抽象的に表現するテストは、ときに自分の他の面を切り捨てられるような不快感をもたらしているかも知れません。

もっともそのような抽象化は、我々の思考をすすめる上で欠かせない作用でもあります。数学の計算はもとより、何かことがらの意味を探るというようなことは、すべて抽象化を伴う思考であるといえるのです。例えば、友だちと「猫」について話す時、お互いが具体的な「ミケ」とか「タマ」とかを思い浮かべていたら、話がズレてしまうことがありますよネ。

具体　それぞれのこと

対になる語

「具体」（「具象」）とは「**はっきりとした形や内容があること**」です。ですから「**具体化**」といえば「**形や内容をはっきりさせること**」となります。そこから「**現実的である・現実に即している**」という意味も生じています。

例文　日本国憲法は「平和主義」を原理としている。その原理は、第九条の戦争放棄として**具体化**されているのだ。

日本国憲法の「平和主義」の原理は、第九条の戦争の放棄、つまり一切の武力の放棄として、**はっきりとした内容をもつ、現実的なものとなっている**のだ。

捨象《しゃしょう》　個性を捨てること

関連する語

「抽象化」の過程では、そのものの持つある側面が描き出されると同時に、様々の**具体的な要素（個性）が切り捨てられる**ことにもなります。「君自身」という具体的な一人の人間が、例えば「人類」というように抽象的に表現されると、君だけの外見も名前も人生も性別も、その他いろいろの要素も捨て去られることになるでしょう。それを「**捨象**」といいます。「捨象」は「抽象」と一体のものです。

【一般化】　共通するものにすること

また「捨象」によって「抽象化」がすすむと、**具体的、個的なものが、他の多くのものと共通するものとしてとらえられる**ようになります。これを「**一般化**」というのです。

少し長い文章を読んでみよう

　言葉がわれわれの感じていることを、なんでも完全に表せるかといいますと決して表せない。われわれがよく「なんとも言えないほどくやしかった」とか、「あんまりきれいで、なんと言っていいか言葉がない」と言うのは、われわれの思想や感情を、言葉が完全に言い表すことができないのを、感じている証拠です。それじゃ、なぜ不完全かということを考えてみますと、言葉が一つ一つのもの、あるいは、一つ一つの場合というようなことを完全に表さない。むしろ、表さないことに言葉の便利な理由があるということになります。〈言葉は、実際の事物にくらべて非常に**抽象的なもの**、**何にでも当てはまるもの**、そういう**抽象性**《何にでも当てはまる性質》があります。〉ものを**抽象する**ということは、**個々のものにあまり詳しくこだわらないで、一般的な共通の性質をつかむ**、それが言葉というものの特色であります。

'99年福岡大（法）（中村光夫『批判と創作』）

ここでは文章をまず、図解してみましょう。

〈言葉の不完全さ＝抽象性〉
一つ一つのこと・ものを完全に表さない
＝
個々のものにこだわらず、一般的な共通の性質をつかむ
　↓
何にでも当てはまる
＝
〈言葉の便利さ〉

もしも「言葉」が実際の事物と同じく「具体的」であるとしたら、「言葉」はカタチをそなえた個そのものを示すのみで、他には用いられないことになります。例えば「犬」と言っても「ポチ」のような特定の「犬」を示してしまい、それを知らない人には通じなくなります。「言葉」はその不完全さ、つまり、個々のものを完全には表わさず、一般的に、**他と共通する性質**のみを**抽象**するものであるがゆえに、個々の違いを超えて、様々なことがらを表現できるわけです。

すなわち、「言葉」はその「抽象性」という不完全さによって、はじめて有効なものたりえているというわけです。

○・×どっち？

① 目の前の**抽象的**な現実を**具体的**に示すのが、言葉のもつ機能である。
② 実体験を軽んじていると、**抽象的**なことしか言えなくなるのではないだろうか。
③ 理想は、それを**具体化**する手順を伴って、はじめて意味をもつであろう。

---

①の「目の前」の「現実」、②の「実体験」は、いずれも「具体的」であるはずです。③の「具体化」とは「現実のものにすること」です。

答え　①＝×　②＝○　③＝○

相対

「絶対」ではなく、比べられること！

次の例文わかる？

成長するにしたがって、子どもはそれまで**絶対**だと思っていた親を**相対化**するものだ。

この例文をわかりやすく言い換えると、「成長するにしたがって、子どもはそれまで**完全で他に並ぶものがなく、唯一の存在**だと思っていた親を、**他の人と同じように生きている人間の一人**として考えるようになる」となります。

「**相対**」という語の意味を理解するとき、まずは「**絶対ではないこと**」という意味で理解するとよいでしょう。では、「絶対」という語はどういう意味でしょうか。次の頁でも述べますが、「絶対」とは、「そのもの以外に比べられるものがなく、また、対立するものもない状態のこと」です。これに対して「**相対**」とは、「**何か他のものや他の状態と比べてみたときに初めてはっきりする状態のこと**」です。言い換えれば、比べたり並べたりするものが異なるとそのたびに、そのものに対する見方や評価が改められる状態のことです。ただし、この語は、文章中ではこのままで使われることはあまりなく、「**相対的**」「**相対化**」という形で多く登場します。

例文中の「親を相対化する」とは、（成長にしたがって）人間関係が広がり、それまでの自分たち親子関係だけではなく、様々な人間関係の中の一つとして親子関係を見るようになった子どもが、結果として親もそれ以外の多くの人々と同じように生活する個人の一人だ、と見なすようになることを意味しています。

絶対

対になる語

完全で他に並ぶもののないこと

「絶対」とは、「他に並ぶもののないこと」です。ヨーロッパの中世に「絶対主義」あるいは「絶対王政」と呼ばれる政治形態があったそうです。国王にこの上もない最高の権力（ちから）を与え、他の貴族たちとも全く異なる唯一のものとしての力をふるいました（あのヴェルサイユ宮殿で権勢をふるったルイ十四世はよく知られていますね）。この場合、王は「何者からも制限をうけずまたいかなる条件からも独立した、それ自体として徹底的に自立した存在」、つまり、「絶対的存在」として君臨していたわけです。ここで使われている「絶対」はこの語を理解するヒントとなるはずです。

「絶対」を詳しくいえば次のようになります。

「**完全でそれ以外に比較したり対立したりするものがなく、一切のものから全く制限や拘束を受けず、それ自体が唯一のものとして存在する状態のこと**」です。

例文

うぬぼれ屋のK君は自分の意見を**絶対**だと考えて、他のクラスメイトの意見など全く無視する傾向がある。

うぬぼれ屋のK君は自分の意見を**他に並ぶものがない**と考えて、他のクラスメイトの意見など全く無視する傾向がある。

関連する語

【相対主義】　絶対のものはないという考え

【絶対者】　絶対的な存在

絶対的なもので、自ら独立に存在する、完全な最高存在のことです。たとえば「神」のような存在がこれに当ります。（P.161コラム　参照）

少し長い文章を読んでみよう

こういう（お互いに無視できる自由を振りかざす）やり方はじつをいうと、弱者が強者に抵抗するとき使用する「戦術《戦い方》」なのだった。権力者や権威を持った既存の体制にたいして、卑小《いやしく、小さな》な自分の言うことなぞ大したことではないのだから目くじらたてる《むきになる》な、と下手《したて》に出ながら対手《たいしゅ》《相手。》をこきおろす。……大衆文化がこの話法《話し方》を鍛えてきたのは当然で、権威を持ったフォーマル《公式の》な文化にたいして下位文化《サブ・カルチャー》はそうやって自己を守り、活動する余地をつくるしかなかった。……政治権力との対抗関係がないという意味ではないが、マス・メディア《マス・コミ》は、全体として、現代社会の権力と権威的秩序《整然としたまとまり》の一端を担う位置へと変化してきた。……いまでは権威となった《強者となった》大衆文化《マスコミ文化》が、「無視するのはこちらの勝手だ」という論法を駆使する《使いこなす》としたら、それは事実上、**相対的**《比べて見た場合の》弱者にたいして、相手が持っていない権力をふるうことになりはしないか。

’98年センター（中西新太郎『文化的支配に抵抗する』）

右の文章中にある「**相対的**弱者」とは「関係ある**何かと比べてみた場合**、それよりも弱い立場にいると見なせる者」という意味です。本文の前半で筆者はテレビなどの「大衆文化」を権力に対する「弱者」と見なし、それが権力にたいして抵抗する方法として「お互いに無視できる自由」という話法を用いた、と述べています。つまり、「大衆文化」は「弱者」として「権力」に抗《あらが》ったわけです。

　ところが、「権力」にたいして「弱者」であったはずの「大衆文化」は時代の変化に伴って変容し、社会的に権力者となって、今では、「大衆文化」をつくりだす「マス・メディア」が、一般の視聴者とか読者とかにたいして「無視するのはこちらの勝手だという論法を駆使」するようになってしまったというのです。ということは、本来は「弱者」であるはずの「大衆文化」が強者となって、「自分より弱い者」、つまり「相対的弱者」である視聴者とか読者にたいして、相手が持っていない力をふるうようになったというのです。

○・×どっち？

①　他を顧みて自分の意見を**相対化**しないと、自己を対象化する機会を失う。

②　自分たちの文化を**相対化**することで、自文化だけが完全だという考えが強くなる。

③　人は自己を**相対化**することによって、自己中心的ではあり得なくなる。

「相対化」とは、あるものを他の様々なものの中の一つと見なすことです。したがって②の後半は前半と矛盾することになります。むしろ「絶対化」と言うべきでしょう。

答え　①＝○　②＝×　③＝○

本質　ほんとうの性質！

次の例文わかる？

青年が周囲に対して否定的・反抗的な態度をとりがちになる、いわゆる第二反抗期の**本質**は、自我の独立であるといえよう。

「本質」とは**「ものごとの根本にある性質」**であり、**「それなしではそのものが成り立たないような要素」**を指します。

したがって例文は、「親などの言うことを聞かなくなったり、さからったりするようになる第二反抗期の、**その根本にある性質**、第二反抗期**そのものを成り立たせている要素**は、彼自身の自我が独立することであるといえよう」という意味になります。また別の見方をすれば、第二反抗期においては「自我の独立」こそが本質なので、その他の要素、たとえば親子の断絶とか不和、青年の家庭内での孤立などは、むしろ本質からもたらされた結果であり、本質的な問題ではない、すなわち、「二次的な問題」であるといえるのかも知れないわけです。

よく「問題の本質」といった言い方がなされるのも、問題の表面的な部分には必ずしも重要な性質は現れず、問題の内部に深く立ち入ることでその根本的な意味が見えてくるということがあるからでしょう。「本質」は、「目に見えること」を「見る」のではなく、**「目に見えないこと」を「考える」こと**だと言うことができるでしょう。一方、「本質」とは逆に「目に見えること」を「見る」というのが、この「本質」と対になる語として次頁で述べる、「現象」です。

対になる語

現象 外面的なあらわれ

「現象」とは「感覚や意識によってとらえることのできる物事」、一般に「**自然界や人間界の出来事**」です。哲学においては、「本質」が理性(P.172)でとらえられるのに対し、「現象」は**感性・感覚がとらえた外面的なあらわれ**、ということになります。

例文 孤立を恐れる人々の内面は、様々な流行として**現象**しているといえる。

孤立を恐れる人々の内面は、様々な流行として、**人々の感覚や意識によってとらえることのできるようになって**いるといえる。

人々がその内面において「孤立を恐れる」というようなことは外面的にはわかりません。が、人々の、周囲と同じようでありたいという意識が「流行」を作り出しているとすると、結局「流行」とは、「孤立を恐れる人々の内面」が、感性・感覚でとらえられるかたちで外にあらわれた、つまり「現象」したものといえるわけです。

逆にいえば、「流行」という「現象」の「本質」が、「孤立を恐れる人々の内面」であるともいえそうです。

パーマにピアスにミニにルーズ! 流行にのらなくちゃ!
孤立するのイヤだモン……
現象
本質

少し長い文章を読んでみよう

私たちは、〈関係〉《つながり》というと、ともすれば実体論的《本当にその関係があると思い込むこと》な関係を想起しがちである。……つまり、あらかじめ在る〝もの〟と〝もの〟が、いかなる関係をとり結ぶかという形成的関係《関係の作られ方》を問題にしているに過ぎない。

これに対して、貨幣と言葉に共通して見出される本質《根本にある性質》としての関係とは、「〈物〉を生み出す関係」、つまりは存立的関係《そこで何かが作り出される関係》のことである。たとえば〈自我《自分(私)》と他者の関係〉などがその典型と言えるであろう。あらかじめ《もとから》確固たるアイデ《「私は私だ」》ンティティ《という一貫性》をもった自我と他者が実体的に《実際に》存在しているのではない。両者《自我と他者》は関係によってはじめて生ずるのである。まず在るものは関係であって、それから「あなたにとっての私、私にとってのあなた」というぐあいに、互換的《互いに入れ替えができる、》・相互依存的《お互い相手があって成り立つ》にしか決まらないのが自・他という存在であろう。

'93年センター追試（丸山圭三郎『言葉と無意識』）

文章をまず図解してみましょう。

形成的関係
あらかじめ在る〝もの〟と〝もの〟 ← とり結ぶ関係

↕

存立的関係
まず在るものは関係である ← 生み出される〈物〉

＝ 貨幣と言葉に共通して見出される本質としての関係

ものの存在が先か、関係（P.52）が先か——。「自我」と「他者」について考えてみると、「自我」や「他者」が単独で存在するはずはなく、「自我」は「他者」との対比で、「他者」は「自我」との対比で、はじめて存在しはじめるといえます。この互換的・相互依存的な関係がそのものの存在に先立つという存立的関係こそが、貨幣と言葉のそれぞれにある**本質**だというのです。たとえば貨幣は、何かと交換され得るという「関係」によって「価値」を発生させ、あるいは「価値」を創り出すということになるわけです。

○・× どっち？

① 枝葉末節にとらわれすぎていると、事態の**本質**を見誤ることになる。
② 様々な社会**現象**の背後には、現代という時代の**本質**が見出せるであろう。
③ 我々は我々の健康な理性によってのみ、ものごとの**現象**を捉えることができる。

答え ①＝○ ②＝○ ③＝×

③「現象」は「視覚」などの感覚によって捉えられるもの、「理性」によって到達するのは「本質」です。

主観　自分だけの見方！

次の例文わかる？

> 小説の読解は、読者の**主観**が大きく影響するため、受け取り方は多様なものとなる。

例文の意味は、「小説の読解は、読者の**個人的なものの見方**が大きく影響するため、受け止め方はいろいろ異なったものとなる」というものです。

「主観」とは「**自分以外の人には必ずしも通用するとは限らない、その人だけの個人的な見方**」という意味で、日常的に用いられています。

また、評論の中では「**外界の出来事にたいして自分が考えたり感じたりする心の動き**」という意味で使われたり、あるいは「**そういう働きをするもの自身**」という意味で使われたりもします。

「主観」は**「客観」という語と対をなす概念**（P.72）で、お互いに深く関連しあう語です。

この二語と対応する言葉として「主体」と「客体」がありますが、「**主体**」とは「**もの・ことを見たり、感じたり、それに働きかけたり、それを評価したりするもの自身**」という意味で、一般には「人間」のことを指します。したがって、「主観」というのは「主体の個別的な見方や感じ方」のことだということになります。

メロスって
自己チューよねぇ。
えーーっ、そう思って
いるのって、私だけ!?
主観

客観　自分だけでなく、誰もに共通する見方

対になる語

一人一人のものの見方や考え方はそれぞれに個別なものです。それを「個性」と考えれば決して悪いものではありませんが、場合によっては独りよがりなものになってしまうことがあります。「客観」とは、独りよがりなものの見方を排した、**「自分だけではなく、他の誰もに共通するものの見方」**という意味です。「客観的」という形でよく使われています。一方で、「客観」は個々人の「主観」の共通点ともいえるので、「主観」と「客観」は対立しているとだけ考えるのも不十分です。

「主観」に対応する言葉として「主体」がありましたが、「客観」に対応する言葉として「客体」があります。「**客体**」とは、「**主体によって見られたり、行為をうけたりするもの**」と理解しておけばよいでしょう。

例文　今年の夏はいつもより暑いように感じたが、気象庁から発表されたデータがそれを**客観的**に裏付けている。

今年の夏はいつもより暑いように感じたが、気象庁から発表されたデータがそれを**誰もがそう見る形**で裏付けている。

関連する語

主体　自分自身

前述したように、「もの・ことを見たり、感じたり、それに働きかけたり、それを評価したりするもの自身」のことです。

客体　相手

「主体によって見られたり、働きかけられたり、評価されたりする側のもの」つまり、「相手」のことです。

少し長い文章を読んでみよう

われわれは平生《いつも》、「時がたつ」その仕方について、どのようなイメージをもっているであろうか。われわれの日常の経験では、ひとを待つときの時間は長く感じられ、何かに夢中になっているときの時間は短く感じられる。時間の流れ方は、状況によって異なるかにみえる。しかし、幼児ならともかく、多くの成人は、そうした時間の流れ方の違いはいわば**主観的な感じ方**《人それぞれの個人的な独特の感じ方》の違いであって、本当の**客観的時間**《みんなが共通に認める時間》は、**主観**《自分の感じ方》のそのときどきの状況とは関わりなく、刻々均一に経過しつつあり、その均一さは、時代や場所の違いを越えた絶対的なもの《唯一のもの》だ、と考えていることであろう。

'92年センター（滝浦静雄『時間—その哲学的考察』）

「**主観的な**感じ方」とは、「**人それぞれの個人的な独特の**感じ方」という意味です。ここでは、「ひとを待つときの時間は長く感じられ、何かに夢中になっているときの時間は短く感じられる」という感じ方のことを指します。「**客観的な**時間」とは、「ある特定の人物だけではなく、それ以外の人も**みんなが共通に認める**時間」、つまり、「時計で正確に表示される時間」のことです。

この文章は時計で計ることのできる時間と、人間が周りの状況によって心の中で感じている個人的な時間の感じ方を比較して述べているものです。

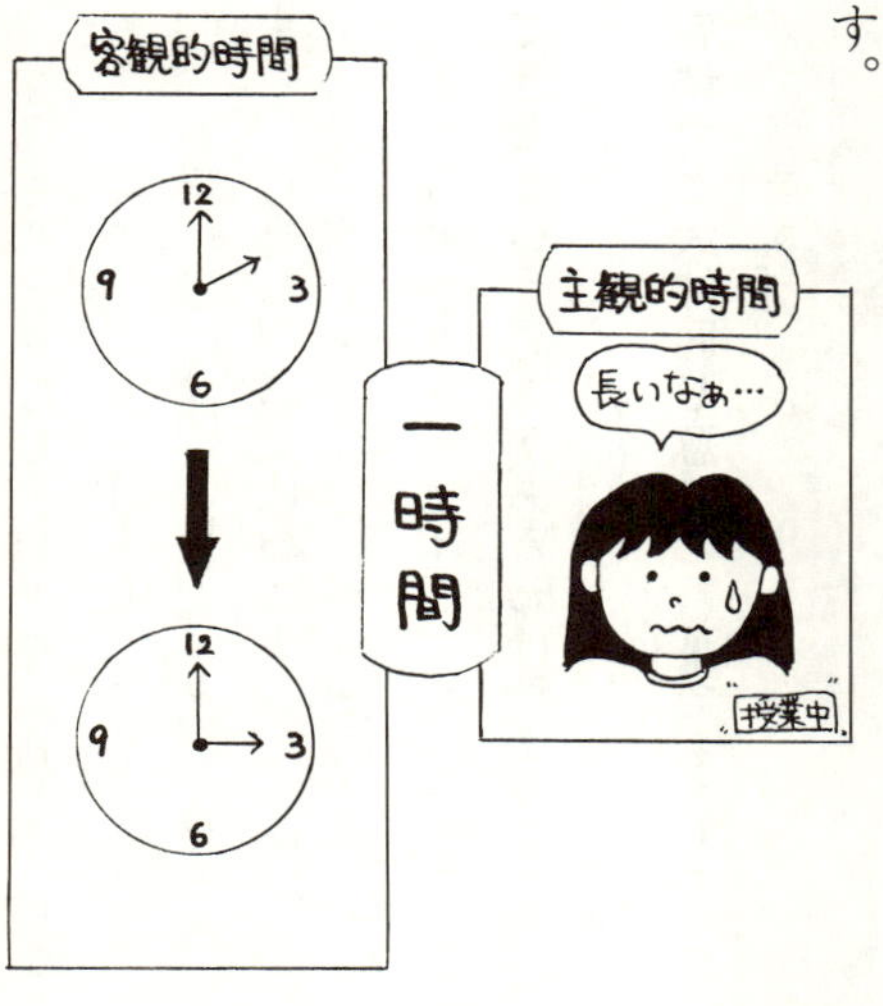

○・× どっち？

① 独特の感性の持ち主である彼にふさわしく、**客観的**な作品だ。

② 新聞の報道は実際の出来事を**客観的**に伝えてほしいものである。

③ オリンピックのマラソンを見て、**客観的**に興奮し、とても感動した。

①は「独特の感性の持ち主」という表現内容と矛盾し、③は「興奮する」「感動する」という語の修飾語としてはふさわしくありません。

答え　①＝×　②＝○　③＝×

対象　目的・目標・相手！

次の例文わかる？

人間は、自分たちを取り巻く自然を**対象**として、積極的な働きかけを続けてきた。

「**対象**」とは、「主体（P.37）から行為を受けたり、見られたりするもの」、つまり、「**主体の働きかけの目標や目的とする相手**」のことです。評論の文章中にある「対象」は、だいたいの場合、**「目標」「目的」「相手」**のいずれかの語に置き換えればすむはずですが、こうした意味を知らないといろいろな場面でやっかいな語ということになってしまうので、是非意味を知っておいてほしい言葉です。

例文は、「人間は、自分たちを取り巻く自然を、自分たちから切り離された、**働きかけを受けるもの（働きかける相手）**として、積極的な働きかけを続けてきた」という意味です。

ここで人間と自然を例にとって考えてみましょう。よく評論などで、人間は、人間と自然を対立するものと見なし、自然を改造し、自然を支配してきた、という主張にであいます。この主張の背景には、人間を特別なものと見る視点、つまり、行為し認識（P.44）する「主体」としての人間が、自然を「対象」として、すなわち「主体」の働きかけを受ける「客体」として扱ってきたという見方があるわけです。

ということは、「対象」は、「主体」に対する**「客体」と大体同じ意味**の言葉であると言うことができます。

対象化

関連する語　引き離してみること

「対象」は「相手」「目的」「目標」「客体」などの語に置き換えることで、比較的わかりやすく考えることができます。ところが、この語に「化」という接尾語がつくとどうでしょうか。「化」という接尾語は「○○な状態になる」という内容を持ちます。たとえば、「民主化」なら、「民主的な状態になること」と考えればよいでしょう。そうしてみると、この「**対象化**」なる語は「対象の状態になること」、すなわち、「主体によって観察される相手（客体）の状態になる」ということになります。

つまり、**「対象化」**とは、詳しくいえば、**「本来は対象として特別には意識していなかったものを主体から切り離して、よく見えるように少し距離を置いてみる」**ということなのです。これは**「客体化」という語とほぼ同様**のものとして用いられます。

例文

普段は何気なく使っている日本語を**対象化**してみることができれば、日本語のおもしろさや矛盾がしっかりと認識できるかもしれない。

普段は何気なく使っている日本語を**自分とは切り離して少し距離を置いて**みることができれば、日本語のおもしろさや矛盾がしっかりと認識できるかもしれない。

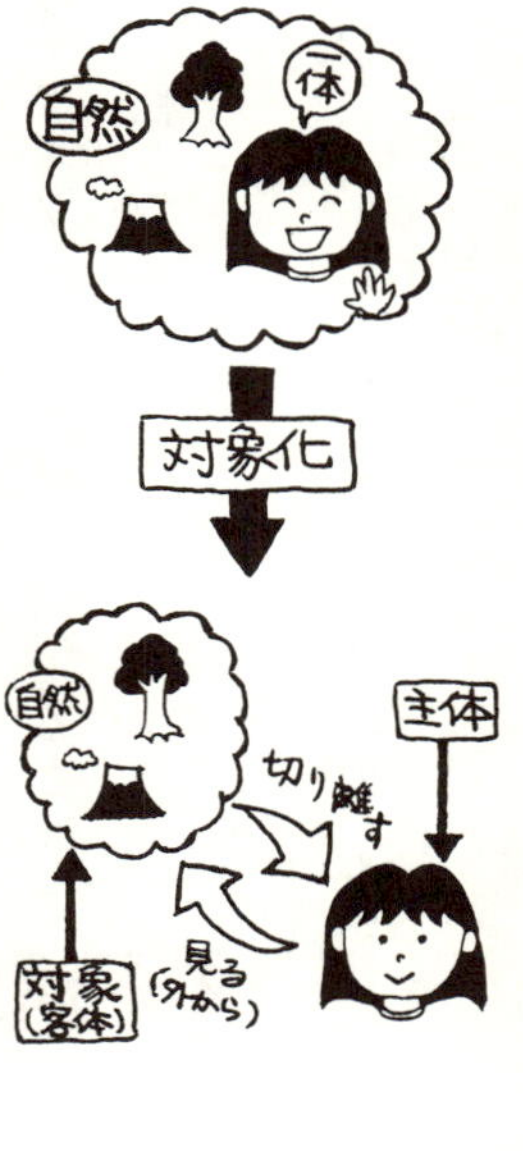

少し長い文章を読んでみよう

さみしい時は男がわかる　／　笑顔で隠す男の涙　／　男は一人旅するものだ
ラララ……　／　これが男の姿なら　／　私もつい　あこがれてしまう
（「あこがれ」井上陽水）

……ロマン的定型《決まった型》と較《くら》べてみると、〈私もつい　あこがれてしまう〉は何とも奇妙な定型の閉じ方であることがわかる。この一句は、意味の上からは単に、一人雄々しく、しかも孤独に人生という「荒野」を進んでゆく男というイメージに、自分はあこがれる、と歌っているだけだ。だが、自分はこういう男のイメージこういったイメージ《ここでは井上陽水》が一般に若い男女にとってのあこがれの**対象**《目標》であることを、歌い手はすでに知っているということを含意《コノート》《含んで》しているのである。

「私はそういう男にあこがれてしまう」は、つまり、この「男性」像がひとつの幻想《非現実的な夢のようなもの》にほかならぬことの**対象化**《少し距離を置いて見た状態(ここでは「言葉化」)》である。そしてそれが**対象化**《少し距離を置いて見た状態》であるからこそ、「あこがれ」は、自分はもはやその幻想の内側で生きていることはできない、というディスイリュージョン《幻滅》の自覚をもあやうく結んでいるわけだ。

'94年センター（竹田青嗣『陽水の快楽』）

話題の中心は冒頭の歌詞にある「私もついあこがれてしまう」という部分です。この部分に筆者は注目し、「一人荒野を旅する孤独な男」というイメージに「あこがれてしまう」という表現は、こういうイメージが普通の男女にとっての「あこがれの対象」、つまり、「あこがれの的《まと》」であることを、陽水自身が知っていることをほのめかしたものだというのです。しかし、同時に、「あこがれの対象」である以上、あこがれている人たち自身は、そういったイメージの人間ではないという「冷たい事実」もそこにはあるわけです。

そして、第二段落で、このような男のイメージが、実際のものではなく、まさにイメージに他ならないというふうに「**対象化して（引き離して）**」見ているのです。「私はそういう男にあこがれてしまう」という部分の「そういう男」が、「一人雄々しく、しかも孤独に人生という『荒野』を進んでゆく男」を指していることに注意してください。

○・×どっち？

① こどもの頃から蝶が好きだったK君は研究の**対象**に蝶を選んだ。
② 人間は自然を自分から切り離して**対象化**することで科学を発達させてきた。
③ 夏の砂浜では、空の青と雲の白の**対象**がまぶしいコントラストを演出している。

①は「目標」の意味、②は「引き離してみる」の意味でそれぞれ正しいです。③は正しくは「対照（違いが明らかなこと）」となります。

答え　①＝○　②＝○　③＝×

認識　認めて理解すること！

次の例文わかる？

子どもが大人とは違った文化を持つ存在であることを**認識**するに至った。

この例文の意味は、「子どもが大人とは違った文化を持つ存在であるということを、**その意義などをしっかり知ったうえで、他と区別して理解する**ようになった」ということです。「認識」という語は普段よく使われているので、何となく分かったような気になる語ですが、その場合、単に「見知っている」という程度で使っているようです。この用法も間違いではありませんが、評論などにおいては「**他と区別して理解する**」とか「**差を見抜いて頭のなかに整理し理解する**」という意味で出てきます。この「認識」という語に気をつけて読み進んでいくと、例文で大切なことは、「子ども」が「大人」とどんな点でどのように区別できるのかということであることに気がつきます。「認識」という語がでてきたら、「差を見抜く」こと、つまり、話題になっている言葉が何とどういう点で違い、それにどんな意義があるのかということに注意して読解を進めればよいでしょう。

例文は、それまで特別なものとして注目されてはいなかった「子ども」が、大人から保護されている「未熟な人間」という価値の劣るものではなく、大人の文化を刺激する、全く別の文化を持つ価値あるものとして認められるに至った、という「子どもの発見」という出来事を踏まえたものです。

関連する語

「**識**」のつく言葉はたくさんあります。「識」という字が「**それぞれの持つ特色によってそれと見分ける**」とか「**判断**」とか「**考え**」という意味を持つので、これを基本として熟語の意味を覚えていけばよいでしょう。

【識別】 はっきり見分けること

【常識】 当たり前とされている考え

【良識】 まじめでしっかりとした判断力

意識・無意識

目的があること・ないこと

「**意識**」とは、「**考えたり感じたりする心の働き**」のことで、「**無意識**」とは、「**自分の意志で確かめることのできない領域**」のことです。文章では、それぞれ、「**目的があって何かをすること**」、「**目的もなく何かをすること**」といった意味で使われることが多いようです。

ところで近代（P.94）を考える上で大切なものに、「理性」（P.172）があります。人間は「理性」によって真理を究明できると考え、「理性」に絶対的な価値をおいていました。「意識」は自覚的なわけですからこの「理性」の領域に属します。これに対して、「無意識」は自覚できないことから、価値ある「理性」の領域外にあるものとして、「意識」より価値の劣るものと考えられていました。ところが、現在では、戦争や科学の発達による弊害、経済上の貧富の拡大という事態の中で、「理性」に絶対的な価値をおくことに疑問を抱くようになりました。そんな中で、「無意識」は「意識」以上に価値あるものという認識も生まれてきています。（P.103コラム　参照）

少し長い文章を読んでみよう

戦後日本をこのような《西欧的な視座と問題意識の域を出ていない》「近代化」論の視点から見た場合、それ《戦後日本》はたしかに〈「驚異的な発展」の記録であり、「平和と繁栄」の例証である〉と評価することも可能であろう。しかし日本の歴史を、ほかならぬおのれ自身の民族の生活の歩みとして受けとめざるをえないわれわれにとって、そのような評価は、〈何かむなしい自己満足か、単なる外側からの冷たい「科学的」《生活感覚を切り離した理解の仕方》認識という感じをまぬかれることができない。〉それは、日本の近代の内側にいるわれわれの、いわば生活感覚であり、また、近代化が明治いらい単なる**認識**《理解》の対象《目の前に置いたもの》としてでなく、まさに実践的《実際にやらなければならない》な課題であった日本の歴史感覚ともいえよう。

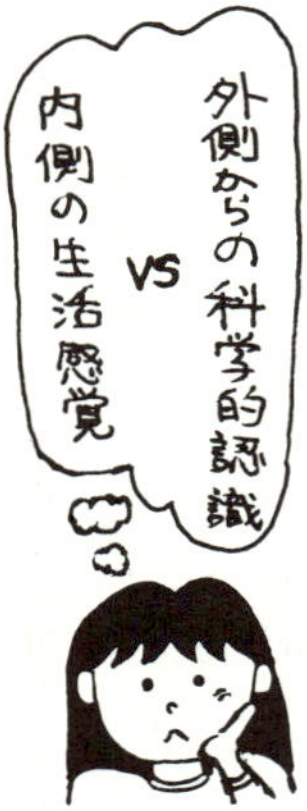

'86年共通一次（松本三之介『近代日本の知的状況』）

最初から難解な語句が並んでそのうえ一文が長い。見るからにやっかいそうな文章ですね。こんな時は、一文を単純化してみるとよいでしょう。つまり、主語と述語に注目して①何についての話題か、②どう述べているか、の二点をまずつかみましょう。

この文章の直前の部分で、筆者は、日本の「『近代化』論の対象への接近方法そのもの」に異文化である「西欧の学者」の「発想」のあとが残っていると主張し、つづけて、「『近代化』論」は西欧的な見方で論じられている、と主張しています（本文冒頭の「このような」はこうした内容を受けています）。

本文では、「驚異的な発展」とか「平和な繁栄」という言葉で評価される、戦後の日本に対する「近代化」論からの見方が、日本の近代をその中で生き抜いてきた私たちにとって、やはり、外側からの、つまり、西洋からの冷たい「『科学的』認識」という感をまぬかれない、すなわち、生活実感とはずれたものだ、ということが述べられています。ちなみに「『**科学的**』**認識**」は、ここでは、「個人の生活感覚を切り離した、**客観的な理解の仕方**」というような意味で用いられています。

○・× どっち？

① 君の見解が説得的であるためには、正しい**認識**の量を増やす必要がある。

② 世界は平和であるという**認識**は、民族紛争の絶えない現実を無視したものである。

③ 大学入試で望む大学に合格できるか否かは、君の自己学力の**認識**によって決まる。

「認識」は「知識」とちがって、「量の多少」を論ずることはできません。①は「知識の量を増やす」と表現するのがよいでしょう。

答え ①＝×　②＝○　③＝○

アイデンティティ

「私は私だ」という一貫性!

次の例文わかる?

> 幼い日、両親と交通事故で死に分かれたDは、他家へ養子に行き、その後また、ゴタゴタが続いて、別の家へもらわれ、名字も変わって、**アイデンティティ**喪失の危機に見まわれることとなる。

例文の内容は、「…(自分の生家で成長し、親と暮すことが不可能であったので)他家を渡り歩かざるを得ず、名字も変わったので、**自分としての一貫性**、『自分とは…である』と考えることがなかなか出来なかった」ということです。

「アイデンティティ」という言葉の意味は、**「自己同一性」**と訳されることが多いのですが、簡単に言えば**「私は私だ」と他人に言える、その内実の一貫性**のことと考えていいでしょう。

その点で、その人の証明書である「アイデンティティ・カード」が、「国籍、男女、生年月日、宗教、目の色」などを載せていることの意味も分かります。今ならさしずめ「指紋」などとなるのでしょうか。あるいは、DNAの配列……。

ただ例文では、むしろ、「D」の「あり方、思想、生活の仕方」という方向に向いているように思います。ある家で生活していて身につくものですから……。

関連する語

自我　自分、自分にこだわる気持ち、エゴ

「自」も「我」も「わたし」であり、重なっているのだから「自分にこだわること」です。例えば、「仏教が目指している境地とは、結局、全てのこだわりの意識の放棄、とりわけ**自我**の消去である」という例文があるとき、例文の後半は、「…とりわけ**自分が・自分の・自分にというこだわり**を消し去ることにある」という意味になります。

自意識　他と違う自分を強く意識すること

「あの人は、あまりにも**自意識**過剰で、鼻に付くものがある」という例文があれば、「あの人はあまりにも**自分は他人と違うという意識**が強すぎて、鼻に付くものがある」という意味になります。「自意識」は、「**他と違う自分を強く意識すること**」です。

自己同一性の喪失の危機【アイデンティティ・クライシス】

「アイデンティティ」が、このところ問題になっているのは二つの点です。その一つは、時代の激しい変化の中で価値観が変動し、当然にも「私」が分からなくなってしまうということで、**「アイデンティティ」の危機**がやって来たということです。もう一つは、20世紀後半の人間観の変化によっているということです。それまでの人間観は、「実体としての人間」というもので、一人一人の人間は、個としての実体を持つと考えられていたのですが、この数十年、「関係（P.52）としての人間」という考え方が主流になることで、個から関係へと問題意識が移ったことによっています。全てを関係の中で考えれば、「アイデンティティ」という考えそのものが否定されることとなっていきます。

少し長い文章を読んでみよう

文化差の認識は単に国別（国際）といったレベルでなく、セイロン島の部族シンハラとタミルのように民族集団のレベルにまでおよび、多民族多言語の文字通り細部にまでおよぶ。これまで独立した単位と国際的にとらえられていなかった小さな民族集団にまで気をくばらなくてはならない。スリランカとかインドとかイギリスとかいったいわゆる「国民国家」の文化差の認識だけではどうにもならない時代なのである。この文化認識の細分化の必要性はこれからますます大きくなるであろう。各民族集団が己の文化に**アイデンティティ**を強くもち、自文化を他に対して主張する傾向は顕著になっている。アメリカのような複合国家でも、民族差文化差のちがいの主張が強く叫ばれるようになってきている。

認識：違いや差を見抜いて頭の中に整理整頓してきちんと入れておくこと

細分化：部族・民族のレベルまで

アイデンティティ：**自分の文化はこういうものだという一貫性**

'90年同志社大（法）（青木保『文化の否定性』）

前世紀から出来、特に第二次世界大戦後大量に独立した、いわゆる「国民国家」（本文中の「スリランカ・インド」）は、二十世紀の世紀末に到って、もう一つ小さなレベルの「概念」（P.72）である「民族集団」の「文化」や「宗教」「言語」に自己の拠りどころを見いだして、分裂を始めます。それはどのようなことと関係があるのでしょうか。本文に、「各民族集団が己の文化に**アイデンティティ（＝自己同一性、「私は私だ」）**を強くもち、自文化を他に対して主張する傾向は顕著になっている」とあります。

つまり、これまでは、「国民国家」の対立の時代であった（イギリス対インド等）のに、今や、セイロンの中の「シンハラ対タミル」という民族間の「文化差」による対立の時代に入ったわけで、その点で各民族の「アイデンティティ」は「民族の文化差」になったというわけです。

こうして、「文化」が、対立の原因、否定的要因になっているわけです。

○・×どっち？

① 内戦に続く混乱の中で、故国を離れて異国をさまようようになったKは、根なし草としての生活が長くなって、結局は自己の**アイデンティティ**を探すことになった。

② 大量生産される洋服では、他の人と違う自分だけの**アイデンティティ**を作ることができないと考えたので、手創りの店で気に入ったものを探し回った。

③ 彼女との討論の過程で、自分の考えを百八十度転換することになったので、必ずしも自己の**アイデンティティ**が保てないという思いにさらされた。

②は、むしろ「個性」と考えるべきで、しかも、こうした外形的なものに「アイデンティティ」は使いません。

答え　①＝○　②＝×　③＝○

関係　AとBとのつながり!

次の例文わかる?

> 子供のかかわった事件と家庭の崩壊には、必ずしも**因果関係**はないのではないか。

この例文の中の「因果関係」とは「原因・結果の関係」のことです。

「AとBとの関係」とは、**「AとBとのつながり」**という意味ですが、この「関係」という考え方は、**「実体」という考え方の否定**により登場してきました。かつて人間は、すべての実物、特に目に見える〈もの・こと〉の存在を疑うことはありませんでしたし、それらをそこに実際に存在する「実体」と考えてきました。しかし、深く考えてみると、そんなに簡単なものでないことは明らかです。例えば「歯がいたい」ということは、誰にとっても明らかなことでしょうか。他人と同じ痛みを感じていると、どのように説明できるのでしょうか。あるいは「色弱」の例を考えて分かるように、私たちは、皆同じように〈もの・こと〉が見えていないかもしれません。そうなってくると、一つ一つ「実体」があるという考え方が疑われることになります。この「実体」があるという考え方の裏には、すべての〈もの・こと〉の背後に、「神」がいるという観念(P.76)があったといわれます。それに対して、現在では、すべての〈もの・こと〉は「関係」の中で存在すると考えられています。例えば「私」は「父と母の関係」の中で、また、「社会」や「学校」「入学試験」などの「関係」の中で決定されますし、「ボールペン」でも「リンゴ」でも、さまざまな「社会関係」の中で生まれることは明らかだからです。
このところ社会が複雑化する中で、人々は、自己をめぐる「**関係の複雑さ**」や、都市化の中での「**関係の希薄さ**（みんな自分と関係がないみたいという意識）」に悩んでいます。

> 円相場と株の動向には、強い**相関関係**が見いだされ得る。

この例文の中の「相関関係」は、「一方が変化すると、それに対応して他の一方も変化するような関係」のことです。

対になる語

実体　実際に存在するもの

> その国は、鎖国状態にあったので、**実体**は、誰にも明らかでなかった。

他の国と「関係」をもたず、鎖国の状態であったので、「実体」＝「実際がどうなっているか、どのような状況にあるのか」が、誰にも明らかでなかったというのです。

この例文が典型的ですが、「実体」は、**他からの「関係」とは無関係に、実際に存在するもの**であり、それは古くは、「神」が作った（創った）〈もの・こと〉として、他からの侵入やおびやかしとは「無関係」に存在していたのです。

無関係　かかわりがないこと

> 彼は疑われたのだが、最終的にその事件と**無関係**であることが証明された。

例文の後半は「…関係がない、かかわりがないことが証明された」という意味です。

少し長い文章を読んでみよう

貨幣と言葉に共通して見出される本質としての関係《つながり》とは、「〈物〉を生み出す関係《つながり》」、つまりは存立的関係《つながり》のことである。たとえば〈自我と他者《私と他者》の関係《つながり》〉などがその《物を生み出す関係＝存立的関係の》典型と言えるであろう。あらかじめ《もとから》確固たるアイデンティティ《「私は私だ」という一貫性》をもった自我と他者が実体的《実際に》に存在しているのではない。両者は《自我と他者は》関係《つながり》によってはじめて生ずるのである。まず在るものは関係《（私と他者という）つながり》であって、それから「あなたにとっての私、私にとってのあなた」というぐあいに、互換的《入れ替えできる》、相互依存的《お互い相手があって成り立つ》にしか決まらないのが自・他という存在であろう。

図１　生まれつきひとり

図２　カップル

'93年度センター追試（丸山圭三郎『言葉と無思想』）

本文中の**「関係」**は、全て**「つながり」**という意味で読むことができます。まず最初に、二行目から始まる「たとえ」話から考えましょう。最後の三行の中にあるのは、図2にあるように、「自我＝私」が「私」として意識されるのは、少なくとも二人いて、「あなたにとって」と考えたとき「私」と意識でき、また逆に、「私にとって」と考えていくとき「あなた」と意識されるのであって、(三・四行目にあるように)「あらかじめ確固たるアイデンティティ《自己同一性》をもった自我」が、図のように、離れ小島のようなところで、「実体的」に存在しているわけではありません。もし一人だけで離れ小島にいることが本当に可能だとしても、その時、もし生れながらにして一人であったならば、「自分＝自我＝私」という意識も、「他者＝あなた」という考えも、心に浮かぶことはないでしょう。つまり、(今度は一・二行目に返って) これと同様の関係が、「〈物〉を生み出す関係」＝「存立的関係」であり、「貨幣と言葉」の「共通」の「本質＝本当の性格」なのだというわけです。確かに、「貨幣」や「言葉」は、他人との「関係」の中で問題になるもので、離れ小島では、ある意味で、必要がないものであることは了解できますよネ。

○・×どっち？

① 表面的な在り方を超えた、その人の**関係**こそ、彼の本質であるまいか。
② 家族をめぐる**関係**こそ、彼女を本当に理解する鍵であるにちがいない。
③ その件に**無関係**だという主張は、彼のその件への関与を暗示させるものであった。

①は、これも筆者の論に従えば可能です。しかし、「表面」に対立するものとしては、「実体」も使えます。

答え ①＝△　②＝○　③＝○

体系　統一されたまとまり！

次の例文わかる？

新しい歴史観の登場により、歴史学はその学問の体系の見直しを迫られることとなった。

この例文は、ズバリ、「新しい歴史に対する考え方の登場により、歴史学はその学問の**統一されたまとまり**の見直しを迫られることとなった」という意味です。

「体系」とは、詳しく説明すると、「ある原理にしたがって、物事を系統的にまとめた全体のこと」です。それまで、ある原理にしたがってまとめられていた歴史学が、新しい歴史に対する考え方の登場によって、別のより優れた原理が見つかり、その学問の統一的なまとめ方を見直さなければならなくなったというわけです。

ピラミッドが「奴隷の労働によって」ではなく、「公共事業によって」造られたというような話を聞くと、もしかしたら……と思ってしまいませんか？

「体系」はよく、「言語体系」とか「生活体系」のように、「〇〇体系」という形で使われますが、「言語」や「生活」などを構成する各部分が、一つの筋道で、他の部分と関連づけられていて、全体として一つのまとまりを持っているのです。

関連する語

【システム】＝体系

「システム」は、**「体系」と同じ意味**で使われる他に、**「組織」**や**「制度」**といった意味でも使われます。同一文章内に「体系」が使われている時は、だいたい「組織」か「制度」のどちらかの意味になります。

秩序（コスモス）

整然としたまとまり

「秩序」とは、詳しく説明すると、**「一定の順序や決まりにしたがって、整然と物事がまとまっている状態のこと」**です。ギリシア語の「コスモス」の訳語にあてられますが、**「コスモス」**という言葉自体は、**「秩序ある、調和のとれた宇宙」**という意味でも使われる言葉です。

例文 新しいリーダーの登場は、その集団に新たな**秩序**をもたらした。

新しいリーダーの登場は、その集団に新たな**整然としたまとまり**をもたらした。

混沌（カオス）

ぐちゃぐちゃな状態

「混沌」「カオス」は、それぞれ「秩序」「コスモス」の対になる言葉で、**「入りまじって区別のつかない状態」**を意味します。ギリシア神話で、「コスモス」が誕生する以前の、**無秩序で、未分化な状態**を表す言葉でした。

例文 今の**混沌**たる状況を抜け出したチームがペナントレースを制することだろう。

今の**ぐちゃぐちゃな状況**を抜け出したチームがペナントレースを制することだろう。

少し長い文章を読んでみよう

橋爪大三郎氏流にいえば《生命維持という観点から見れば》、何の価値もない紙切れに、福沢諭吉や夏目漱石が描かれているだけで後生《ごしょう》大事《非常に》にするし、こんな紙きれ《紙幣》に追い掛け回され、あくせくした《こせこせと忙しくした》あげく命も捨てかねない。これが金、銀、ダイヤモンドであっても同じである。多少重いだけである。つまり入れ歯にでもするのでなければ、金それ自体に価値があると思うのは《生命維持という観点から見れば》幻想《まぼろし》である。

価値があるのは本来、衣食住、特に食物のように生命維持に必要なものだけであろう。ではなぜ、それ自体に価値がないのに、人々は目の色を変えるのだろうか。それは交換される《他のものと》ことによって価値を生じるからである。価値があるから交換されるのではない。交換体系《交換についての、ある約束にしたがったまとまり》が出来上がってしまえば、交換のために必要となるから価値を生じることになる。したがって、このようにある物が価値を生じるためには、当然ながら社会が形成されていることが前提となる。

'97年センター追試（養老孟司・齋藤磐根『脳と墓Ⅰ』）

いきなり、「紙幣」や「金、銀、ダイヤモンド」に「価値がない」だとか、「価値があると思うのは幻想」だとか言われると、君たちは面《めん》くらってしまうのかもしれません。そこでまず、この筆者が「価値」についてどのように考えているのかを押さえてみましょう。

第二段落の冒頭で、筆者は、「価値があるのは本来、衣食住、特に食物のように生命維持に必要なものだけであろう」と述べています。「生命維持」に必要かどうかを「価値」の基準にしているわけです。それならば、「紙幣」だって、食物のような「生命維持に必要なもの」が買えるわけだから、「生命維持」という観点からでも「価値」があると言えるのではないか、と君たちは思うかもしれません。しかし、それは食物と「交換されることによって価値を生じる」のであって、「紙」そのものが「生命維持」に必要なわけではないということに注意しましょう。

そして、「紙幣」のようなものが、「交換」のための「価値」を持つためには、「交換体系」すなわち、「交換についての、**ある約束にしたがったまとまり**」が出来る必要があり、そうした「まとまり」が出来るには、「**秩序**」づけられた集団＝社会がまず必要というわけです。

○・×どっち？

① 自国語を外国語の言語**体系**によって**体系**づけるのには無理がある。
② 科学は法則にしばられず、もっと**混沌**とした**体系**へと変化していくべきだ。
③ 人間は、**混沌**とした自然に**秩序**を与えることで、文明を築き上げてきた。

答え　①＝○　②＝×　③＝○

「体系」とは「秩序」づけられたまとまりなのだから、

②の「混沌とした体系」というのは変ですよね。

言葉 存在していなかったものを存在させるもの!

次の例文わかる?

> 氷・水・湯というものは、「氷」「水」「湯」という**言葉**によって創り出されたものである。

何を言っているのだ、という感じかもしれませんが、この文は、「氷・水・湯というものがそのものとして存在しているのではなく、『氷』『水』『湯』と名づけられることで、それらの区別ができてくるのだ」ということを言っているのです。

言葉なんかがなくても、氷・水・湯というものがまずあって、それに、「氷」「水」「湯」と名づけたのだ、とふつうは考えるでしょう。つまり、言葉は、言葉よりも先に存在している事物や観念(P.76)に与えられそれらのかわりをするものであり、それを他人に伝えるための道具・手段である、と。そのように考えていても、日常生活で特に不都合なことはありません。

そのような「ふつう」の意味で**「言葉(言語)」**という言葉が使われている文章も入試には出ます。そういう場合は別に問題はないのですが、君たちが困ってしまうのは、「言葉(言語)」についてのもう一つの捉え方が論じられている文章でしょう。もう一つの捉え方とは、**「言葉は存在していなかったものごとを創り出す基盤である」**とか、**「まずモノがあって言葉ができるのではなく、まず言葉があってモノが生ずるのだ」**とかというものです。格好をつけてわざとむずかしそうに書かれている場合が多いのですが、そういう文章が言っていることは、要するに、「人間をとりまいているこの世界は、言葉を与えられる前は混沌(P.57)とした、漠然としたものである。そして、**人間はこの世界に言葉を与えることで、分節化(P.64)し、整理し、秩序(P.57)あるものとしている**」ということです。

もう一つ、「言葉(言語)」という言葉の使い方で知っておいたほうがよいことがあります。

ふつうは、「言葉」という言葉は、日本語とか英語のようなもののことですが、評論の中ではしばしば日本語や英語のような言葉以外の、「考えや感情を表すなかだちとなるものごと」のことを広く「言葉(言語)」と表現します。たとえば、「音楽」や「絵画」も言葉である、ということになるのです。もっと日常的な例をあげてみましょう。私たちの手はその動きによって、「だめ」「さようなら」「こちらへ来い」などの意味を表すことができます。これは手の動き=「しぐさ」が言葉になっているわけです。

関連する語

【言説】 言葉による説明

「言説」というのは、「**物事や考えを言葉によって説明すること**」をいう言葉です。出てきたら、「言っていること」ぐらいに考えればわかります。「**ディスクール**」などとカタカナ語で格好をつける人がよくいますが、「言説」と同じものです。

【記号】 意味を表すもの

「**記号**」は、評論では単なる「しるし」という意味ではなく、「**意味を表すもの**」という意味で使われます。最近では、さまざまな「現象」(P.33)まで「記号」と見なし、そこに何らかの意味を見い出そうとするようになっています。

少し長い文章を読んでみよう

われわれは、全人類が例外なく《誰でも》持っている言語という文化（記号体系《意味を表すものとしてのまとまり》）を通してしか現実を構成する《見たり、働きかけたりする》ことができないのであり、したがって、それぞれの**言語**という記号体系が異なれば《言語が違えば》、見えてくる世界も違ったものになってくるのである。換言すると《いいかえると》、自然という連続の世界を、われわれは**言語**という文化装置《文化としてできた言語》によって、不連続なものに**分節**《区切って意味を与えている》しているのである。このことは、あるものをそれとして認識できる《分かる》のは、普通、それに名称が与えられている場合であることを考えても、容易に想像されるだろう。それまでは何気なく見過してきた路傍《ろぼう》の花《道のかたわらの花》が、その名称を知ることによって、急にいきいきとした存在感を持って知覚されてくることは誰でも経験したに違いない。つまり、名称《名前》という記号表現《意味を表すための表現》を与えられて初めて、その花はわれわれに意味を持った存在として現われてくるのである。

'00年上智大（法）（唐須教光『日常的な記号世界』）

言語

「**言語**」を通してしか私たちはこの世界をとらえることができない、つまり、「言語」がこの世界のあらゆるものごとを存在させているのだということ、そして、そのために、「言語」が異なれば当然見えている世界も異なっているのだということを初めのほうで述べています。「換言すると、自然という……分節しているのである」という文については、次の「**分節化**」の項を参照してください。

「あるものをそれとして……容易に想像されるだろう」とあっさりと言い切っていますが、あまり容易に想像できるものではないかもしれません。なぜ想像しにくいかというと、「言語」化することによってあるものがはじめて認識（P.44）されるということを、私たちはものごころがつきはじめたころからたえず無自覚・無意識のうちにやり続けているからです。自分ではまったく意識することなく、あたりまえのこととしてずっとやってきたことなので、実感を持ちにくいのですが、文章の終わりに出されている「それまでは何気なく……存在感を持って知覚されてくること」というのは、わかりやすい例なのではないでしょうか。君自身の経験の中にもきっとあるはずです。思い出してみましょう。

○・×どっち？

① 音楽を聴いているときに心の内に起こることを正確に**言葉**にすることはできない。
② 音楽や絵画も含めて人間のあらゆる表現行為は**言葉**を伝達するためのものである。
③ 目くばせのようなたいへん小さな動作も**言葉**としての働きをもち得るものである。

② 音楽や絵画もなんらかの意味を表すという点で一種の「言葉」であると言えますが、「言葉」を伝達するとは言えません。　**答え**　①＝○　②＝×　③＝○

分節化　区切りをつけ意味を与えること！

次の例文わかる？

> 幼児が言葉を次から次へと覚えていくということは、自分のまわりの世界を**分節化**していくということだ。

この例文は、ズバリ、「幼児が言葉を次から次へと覚えていくということは、自分のまわりの世界に**区切りをつけ意味を与えていく**ということだ」という意味です。

「分節化」というのは、くわしく説明すると、**「ひとつづきになっていて、わけのわからない、場合によっては混沌（P.57）としているように見えるものごとを、理解しやすくするために、それに区切りをつけ、その区切られたものに意味を与えていくこと」**という意味です。このように説明すると、ずいぶんむずかしいことのように思ってしまうかもしれませんが、人間であればだれでも、いつもやっていることなのです。

たとえば、君たちは「鼻」というものが何なのかわかりますね。それがわかるということがすでに「分節化」の結果なのです。

あるものごとそれ自体に明らかな区切れがあったり、多くの部品が組み合わされることで成り立っていたり、というものであれば、それを理解するためにいくつかの部分に分けることは比較的容易にできることで、そのようなことも分節化にはちがいないのですが、「分節化」ということが**特に重要になってくるのは、明らかな区切れなどないものごとに対する**ときです。そしてこの世界には、明らかな区切れなどはないものごとのほうが多くあります。

明らかな区切れなどないものごとの例として人間の体をとりあげてみましょう。「手」とか「首」とか「顔」とか言います。「手」というのが何かわからない人はいないはずです。しかし、厳密にはどの部分が「手」なのでしょうか。「首」も「顔」もそうです。どこからどこまでが「首」なのでしょうか。厳密にはどこまでが「顔」なのでしょうか。また、その「顔」の中でも、どこからどこまでが「あご」なのか。厳密には「鼻」というのはどこからどこまでなのか。これらのあたりまえだと思っているものでも、厳密にどこまでを言うのかと考えると、なかなかむずかしいものです。それは、人体というものが、個々の部分をつなぎ合わせることでできているのではないからです。

このように人体という簡単に区切ることのできない、完全にひとつながりのものの、このあたりを「手」という、このあたりを「顔」という、というふうに、部分に区切ってとらえ、名づけることを、我々はごくあたりまえのこととしてやっているのです。つまり「分節化する」ということは何も特別なことをすることではなくて、幼児のころからだれもがたえずやっていることなのです。

関連する語

【分析】 分けて明らかにすること
「**あるものごとを分解して、それを成り立たせている要素や成分を明らかにすること**」です。

【差異】 違い
「言葉はそれ自体が意味を持つというより、他の言葉との**差異**によって意味を持つ」というように使われます。例えば「紅」は「赤」との差異によって意味がはっきりするわけです。

少し長い文章を読んでみよう

居間という呼び名を文字通り（「居」と「間」という文字として）解釈すれば、〝そこに居《い》るための部屋〟であり、リビング・ルームは〝生活する部屋〟である。それじゃあ、料理している時は台所に〝居ない〟のか、寝室で寝ている時は〝生活していない〟のか、と言えばもちろんそんなことはない。しかし逆に、居間とはなんのための部屋か、と問い返されると、一言で答えるのは難しい。居間は〝料理する〟とか、〝寝る〟という風に**分節化し**（区切りをつけて意味を与え）得る生活行為のための場所ではないからだ。

住宅の歴史を竪穴《たてあな》住宅まで遡《さかのぼ》って考えると、はじめにすべての生活行為が一部屋で行なわれた住居があって、そこから調理、睡眠などの、それ自身としての分かれやすい行為のための部屋が次々と分離していき、その後に残った行為すべてを引き受けているのが居間なのだと言えよう。後に残ったのは、分節化され得ない行為の複合体（複雑に組み合わさったもの）だから、一言で名づけようがないのが当然だ。

'00年北海道大学（渡辺武信『住まい方の思想』）

人間に限らず動物が生きているということは、いろいろな部分に分かれているものが組み立てられて成り立っているわけではありません。生きているということではひとつづきの時間ですが、それを、「起きている」と「眠っている」というように区別することができます。このように区別することが「分節化」です。さらに「起きている」も、「調理している」「勉強している」「入浴している」というように細かく分けることができます。これも「分節化」です。そして、これらの「分節化された生活行為」のそれぞれ対応している場所が、「台所」「勉強部屋」「浴室」と呼ばれるものです。

さらにここで注意してほしいのは、「分節化され得ない……名づけようがない」とあるように、**「分節化」と「言語化」とが深くつながっている**ことです。分節化するから言語化できるのか、言語化するから分節化できるのか、あるいは、分節化と言語化は同時に成立するものなのか、入試に出る評論では論者によって考え方や表現の仕方が微妙に異なってきますが、いずれにしても、「分節化」と「言語化」は切っても切れない深い関係にあるものだと考えてください。

○・×どっち？

① メロディとリズムの本質のちがいを**分節化**することはむずかしい。
② 社会学では、家族について言葉がついやされ、そのあり方が**分節化**されている。
③ 食品の成分を科学的に**分節化**する方法は、現代ではたいへん進歩している。

③ 食品のように、物質として存在しているものを科学的操作によって調べる場合には「分析」を使います。

答え ①＝○ ②＝○ ③＝×

多義性

二つ以上の意味を持つこと！

次の例文わかる？

大人と子供について考えるうえで、「遊び」という言葉の**多義性**に、もっと注目していく必要がある。

この例文は、ズバリ、「大人と子供について考えるうえで、『遊び』という言葉が**二つ以上の意味を持っていること**に、もっと注目していく必要がある」という意味です。

「**多義性**」とは、詳しく説明すると、「**ある言葉が二つ以上の異った意味を持つ性質のこと**」です。例えば、「遊び」という言葉が、辞書にあるような、「①自分のしたいことを楽しむこと。②酒色やばくちにふけること。③作品や芸におけるゆとり。④機械の連結部に設けた、いくらか動く余裕のこと。」という複数の異った意味を持つということです。

しかし、近年では、言葉というものが、読み手や聞き手の中で形成される意味を重視する記号論の立場からとらえ直されて、あらゆる言葉が、単に辞書的な意味を一つだけ持つのではなく、様々な関係に基づいて複数の意味を持つ、すなわち、「多義性」を持つとされています。

例文のように、大人と子供について考えるような場面では、「遊び」という言葉には、「労働や学習に日常の典型を求めた場合の、非日常」という意味や、「同調関係に基づく、日常に不可欠な行動」という意味などが与えられたりします。

こうした考え方は、一単語のレベルに限らず、構文や作品全体にまで拡げられています。例えば、『桃太郎』の犬やサルやキジは、「桃太郎が一人前に成長するために身につけなければならない資質を表している」（森省二）とされたり、グリム童話の『ヘンデルとグレーテル』は「子どもの母親からの分離、独立の主題を扱っている」（河合隼雄）とされたりしています。

ところで、「多義性」の「義」という字には「**意味**」という意味があるのを知っておくと便利です（P.182）。

対になる語

一義性　一つの意味しかないこと

「**一義性**」とは、詳しく説明すると、「**ある言葉が一つの意味にだけ解釈できる性質のこと**」です。君たちが出会う文章では、「**一義的**」で用いられることが多く、「**一つしかない**」というマイナスの意味合いで使われることが多い言葉です。また、「一義的」は、「**最も重要である**」という意味でも用いられますが、この意味の時、対になる語は「**二義的（＝特に重要ではない）**」になります。

例文　残念ながらAさんの作った詩は、**一義的**にしか解釈できない表現ばかりが並んでいた。

残念ながらAさんの作った詩は、**一つの意味**でしか解釈できない表現ばかりが並んでいた。

少し長い文章を読んでみよう

無限の奥行きと多様性《いろいろな性質》を見せる人間の意識の対象世界《意識を向ける対象（＝相手）となる世界》に対して、言語の世界は有限性《限りがあるという性質》によって特徴づけられる。言葉の数は有限だし、一度に発話される文の長さも有限である。言葉の数の有限性は、第一に、ひとつひとつの言葉の意味内容に広がりをもたせ、第二に、**意味の多義性**《意味を二つ以上持つ状態》を惹《ひ》き起こすことになる。語られるべき世界の事物は連続的に連なっているのに言葉の数は有限である。このことから、必然的に、ひとつひとつの言葉は、広がりをもった領域を受け持たざるを得なくなる。言葉のこの性格に対して、多義性は副次的《二次的な（最重要というわけではない）》なものである。なぜならば、ひとつひとつの言葉が仮に**数個の意味をもった**にせよ、言葉の総数が高々数倍になる効果を生みだすだけ《有限であることには変わりない》で、このこと《言葉が数個の意味をもつこと》は連続世界の多様性を前にしてほとんど無力だからである。

'93年センター（菅野道夫『ファジィ理論の目指すもの』）

「人間の意識の対象世界」とは、私たちが意識を向ける「対象」、すなわち「相手」となる世界のことです。私たちは、自らの「意識」を、ある瞬間にはその世界のある一部分に対してしか向けることができませんが、その瞬間にも、「意識」が向けられていない、世界のある部分は存在しており、それゆえ、他の瞬間に、私たちは、世界のそうした別の部分にも「意識」を向けることができるわけです。そして、おそらく私たちの一生をかけてもその世界の全てに「意識」を向けることは不可能でしょうし、一度「意識」を向けた部分も、次に意識を向けた時には別の姿を見せることがあります。そういう意味では、「人間の意識の対象世界」は、「無限の奥行きと多様性」、「連続性」を持つものと言えます。

それに対して、「言葉」は、国語辞典の見出しの数が数えられてしまうことからもわかるように有限です。「言葉」が「**多義性**」、すなわち「**数個の意味**」をもったとしても、「言葉」の総数が数倍になるくらいで、有限であることには変わりなく、意味内容に広がりをもたせることで、表現しようとする世界の連続性に何とか対処しようとすることに比べれば、やはり「多義性」は「副次的」なのだと筆者は言っているのです。

〇・×どっち？

① 今後は、さらに文学作品の持つ**多義性**が明らかにされていくでしょう。

② 辞書を引かないせいか、言葉を**一義的**にしか理解していない高校生が増えた。

③ 「情報化社会」を理解するうえで、「情報」の定義が**一義的**な問題となる。

答え　①＝〇　②＝〇　③＝〇

「一義的」には「一つの意味しかない」と、「最も重要である」という二つの意味があります。（Ｏｈ！多義的!!）

概念　ものごとについてのはっきりした考え！

次の例文わかる？

> 文学の**概念**を明らかにしないままで、ある著作が文学として優れているかどうかを論じるのは無意味である。

この例文は、ズバリ、「文学**とはどういうものであるのかということについてのはっきりした考え**を明らかにしないままで、ある著作が文学として優れているかどうかを論じるのは無意味である」という意味です。

「概念」とは、くわしく説明すると、**「同一種類の多くのものごとから、共通内容を取り出し、それをまとめた一般的な考え」**というものです。つまり、**「〇〇とは何か？」という問いに対して、「……というものである」というふうにはっきり答えられるようになっている考え**のことです。これは、個人的な思い込みや言葉にならない思いとはちがって、客観性、一般性をもったものです。個人的な思い込みや言葉にならない思いなどによる考えは「観念」（P.76）ではあっても「概念」ではありません。

という説明をしたりすると、たいへんむずかしい言葉のように見えますが、実は全然むずかしくありません。実際の評論文の中で出会ったら、「（という）もの」「（という）ことがら」「（という）言葉」などに置きかえて読めばまずたいていの場合大丈夫なのです。たとえば、「本能というのは行動と切り離せない概念である」などという文が出てきたら、「本能というのは行動と切り離せないこと（言葉）である」と読んでおけばよいのです。

なお、辞書や用語集などに、「複雑なものに対するおおまかな考え」という説明もされていることがよくありますが（中にはこの意味だけが書いてあるものもありますが）、評論文の中で「おおまかな考え」という意味で使われていることはあまりありません。

「文学とは、特殊な存在の裏に、普遍的な本質を見ようとするものである」……これって、「文学」の「概念」だよねェ？

関連する語

【概念的】 おおまかで具体性がないようす

「概念」というのは、先に説明したとおりで、良いとか悪いとかいうものではないのですが、これが**「概念的」**という形になると、**「現実に即していない、おおまかで、具体性に欠けているようす」**というように、どちらかというと、悪い意味をこめて使われることの多い言葉になってきます。

【コンセプト】 「概念」のもとになった英・仏語

もともとは「コンセプト」の翻訳語として、「概念」という言葉がつくられたのですが、現代の日本語の中では、**「コンセプト」**というカタカナ語は、**「今までなかった新しい考え方」**という意味で使われることがよくあります。

少し長い文章を読んでみよう

「芸術」やそれに携《たずさ》わる「芸術家」という概念（「芸術家」についてのはっきりした考え）は、在来の日本にはなく、明治になって西洋から輸入されたものですが、この学者とも芸人ともつかないような存在が、社会に滑らかに許容されるようになったのは、戦後のことと思われます。

芸人と芸術家のちがいがどこにあるかむずかしい問題で、音楽に関しては、ピアノやヴァイオリンを弾く人は芸術家であり、三味線弾きは義太夫《ぎだゆう》であろうと長唄《ながうた》であろう（→日本の昔の歌は）と芸人という風に明治時代には思われていたようですが、扱う楽器が西洋から渡来したか否かで、こういう区別がなされるのは、おかしいことです。絵画の領域になると、同じ時代でもすっかり様子がちがい、黒田清輝は芸術家だが、横山大観は芸人だという人はなかったようです。

’82年共通一次（中村光夫『芸術家と芸人』）

「芸術」という「概念」が明治以前の日本にはなかったということは、今日私たちが「芸術」という言葉で考えるもの、つまり、「美を創造・表現しようとする人間活動とその成果である作品」が、日本にはなかった、ということではありません。美術や音楽の領域で、また、演劇や舞踏の領域で、そして文学の領域で、今日の考えからいえば、「芸術」以外のなにものでもない人間の行為があったし、その成果である作品があったのは事実です。

しかし、それらの行為や作品は、明治以前には、それぞれに固有の名――「能」であるとか「浮世絵」であるとか――で呼ばれていました。それらを、表現の手段や方法は違っても、美を創造する行為という点で共通性をもっているものであるということから、ひとまとめのものとしてとらえ、名づけようということがなかったのです。それが、「芸術」という「概念」が明治以前の日本にはなかったということです。

そういうところに、西洋から「芸術」という「概念」と、西洋の芸術(ピアノやヴァイオリンで演奏される音楽や油絵具で描かれる絵画など)が輸入されたために、それまでとは異なるいろいろとおかしなことがおこってきたのです。

○・×どっち？

①「世界平和」というのは、どんな時でも我々が追い求めるべき**概念**である。

②現代の「健康」という**概念**は、いつどんなところでも通用するとはかぎらない。

③「文化」という**概念**はもともと「自然」という**概念**と対立する面をもっている。

答え　①＝×　②＝○　③＝○

①追い求めるべき考えを表すときには、「概念」ではなくて、「理念」(P.77)とか「理想」という言葉を使います。

観念

あるものごとについての考え！

次の例文わかる？

日本人の多くが抱いている神の**観念**は、キリスト教の「神」とは異なるものである。

この例文は、ズバリ、「日本人の多くが抱いている神に**ついての考え**は、キリスト教の『神』とは異なるものである」という意味です。

「**観念**」とは、「**あるものごとについての個人の心の中にある考え**」のことです。個人の心の中にある考えですから、普遍性（いつでも、どこでも成り立つという性質）をもっている必要はありません。その人だけの考えであっても立派な「観念」です。また、言葉ではっきり説明できるようになっている必要もありません。**ぼんやりと心の中にあるだけで立派に「観念」**になっています。

たとえば、「神とは何か？」と問われたときに（そんなことを問われることはめったにないでしょうが）、スラスラと答えられる人もいるかもしれませんが、答えられない人のほうが多いでしょう。でも、そのとき言葉にはできなくても、「神」とはこういうものなのだという、なんとなくの考えが心の中にあるはずです。それが「神の観念」というものです。

「愛」とか「悪」とかいう言葉でも試してみてください。「愛とは何か？」「悪とは何か？」言葉にはならないけれど、心の中に、「これが愛だ」「こういうものが悪なのだ」という考えが浮かんでいますね。それが「愛の観念」「悪の観念」なのです。

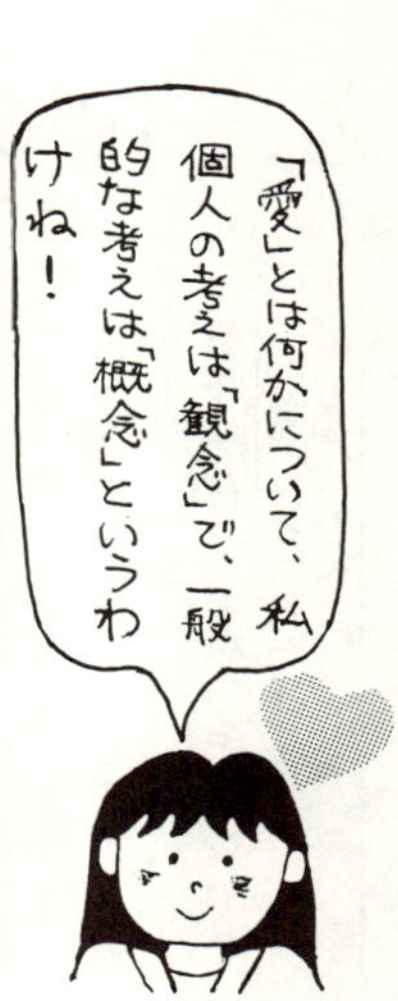
「愛」とは何かについて、私
個人の考えは「観念」で、一般
的な考えは「概念」というわ
けね！

関連する語

【観念的】　現実離れをしたようす

「観念」というのは、先に説明したとおりで、良いとか悪いとかいうものではないのですが、これが**「観念的」**という形になると、**「具体的な現実を離れて、頭の中だけで抽象的に考えるようす」**というように、とたんに悪い意味、批難するような気持ちをこめて使われることの多い言葉になってきます。

例文　Aさんの意見はいつも**観念的**だ。

Aさんの意見はいつも現実離れをしていて、**頭の中だけでつくられたもの**だ。

【理念】　こうあるべきだという考え

「理念」というものも「観念」の中に含まれるのですが、**「こうあるべきだ」「こうあるのが望ましい」という思いをこめた「観念」**が「理念」です。

例文　会社が設立されたときの**理念**が次第に失われてしまった。

会社が設立されたときに、**こうあるべきだと考えられていたこと**が失われてしまった。

【イデー】　「観念」か「理念」のこと

「イデー」は「イデア」とも同じで、文脈によって「観念」か「理念」に置きかえることができます。

少し長い文章を読んでみよう

現代社会において、**芸術という観念**《芸術というものについての考え》がすでに変化したとは断定できないが、変化の兆候《きざし》はかなり顕著にあらわれている。芸術に固有と考えられる若干の属性《特有の性質》が、疑問の対象《相手(まと)》とされていることは否定できない。

芸術は永遠につらなるものとされた。果してそうであろうか。芸術を創作し、これを享受《受け入れて楽しむ》するのは人間である。今日では全人類が地上から絶滅する可能性がたしかにあるが、もしそうなれば、芸術も当然消滅してしまう。……中略……全的消滅の問題ははずすとしても、芸術の価値は永遠不変だという観念はどうであろうか。『ミロのヴィナス』の美しさや『万葉集』の真実性は、いかなる時代にも評価されるという命題《判断》は、完全に成り立つであろうか。疑わしい。未来は予測できないにしても、過去の考察から想定をこころみることはできよう。

〈具体例〉

新井白石《江戸時代の政治家・文人》は全裸のギリシア女神像を見て、おそらく喜ばなかったであろう。

'00年京都大学（桑原武夫『現代社会における芸術』）

「芸術というものについての考え」ということですが、「芸術とは……である」という形ではっきりとされている考えではなくて、だいたいこんなものであるというふうに抱いている信念のようなものをいいます。そういう芸術についての考えが、現代社会では変化してきていると第一段落では述べています。

では、どのように変化してきているのかということの具体的な説明が後に続くのですが、その一つとしてあげられているのは、「芸術は永遠につらなるもの」であるという考えが疑わしいものになってきたということです。

「芸術の価値は永遠不変だという観念」を抱いていた人が従来もいたし、また現在もいるのですが、このような「観念」は芸術の実態に合っていないという考えが現代では出てきているというのです。「新井白石は全裸のギリシア女神像を見て、(彼の倫理観に照らして)おそらく喜ばなかったであろう」という過去のことを考えてみるだけでもわかるように、江戸時代には、ギリシア芸術は認められず、「芸術の価値は永遠不変だという観念」は、ただの思い込みにすぎないというわけです。

○・× どっち？

① 現代の犯罪捜査では、DNA鑑定という**観念**が重要な鍵になる場合がある。

② 日本人の自然についての**観念**は、ヨーロッパ人のそれとは大きくちがっている。

③ 現実には上下の差があるのに平等であるという**観念**を抱いてしまうことがある。

---

① 「DNA鑑定」というのは、ただの「考え」ではなく、現実に行われていることなので、「観念」ではありません。 **答え** ①＝× ②＝○ ③＝○

合理

理屈にあっていること！

次の例文わかる？

> お墓など、石を加工し名を刻んだものにすぎない。したがって、**合理的**に考えれば、墓石の並ぶ夜の墓場であっても、こわいということはないのだ。

でもやっぱりこわい。

「合理」とは**「論理的であること・理屈に合うこと」**をいいます。墓石が単なる石に手を加えたものにすぎないとわかった以上、それはそれだけのことですから、こわいとか何とかいうのは「合理的」ではないでしょう。ものごとを「理性」（P.172）によってとらえるとはそういうことであり、その理性的態度が「科学」を発達させ、ヨーロッパあるいは近代を支えてきたともいえるのです。

しかし、お墓はやっぱりこわい。ということは、世の中には「理性」ではとらえきれない何か、「合理」ではない何かが、確かに存在するということにもなるでしょう。

いつでも全《すべ》てを合理的にとらえようとする「合理主義」的なあり方が批判されるのも、そのような背景があるからだといえそうです。

> 企業の経営を改善するためには、**合理化**が欠かせない。

このように「合理」には**「無駄がなく能率的である」**という意味もあります。日常ではこちらの方がよく用いられるでしょう。

対になる語

非合理　理屈では割り切れないこと

「合理」が「論理や理性にかなうこと」であるならば、**「非合理」**は**「論理や理性ではとらえられないこと」**です。「合理主義」や「科学」の及びえないところということになるでしょう。

たとえば、人の「心情」などは非合理的なものといえるかもしれません。「信仰」もそうです。

そのような人間の内面に関わる重要な側面を軽んじてしまう傾向が、近代の「合理主義」や「科学主義」になかったとはいえず、その反動が今日の様々な問題・混乱を生み出しつつあるという見方もあるようです。

不合理　理屈に合わないこと

すべてを合理的にとらえようとすることには無理があるでしょう。が、それをわきまえたうえで、ものごとを「合理的に考える」という態度は欠かせません。「考える」とは「合理的に考える」ことだといわなければなりません。

その際、筋道が通らないところがあったり、矛盾が生じたりしてしまえば、正しい結論が得られるはずがないわけですが、そのように**論理に反してしまうこと**を**「不合理」**といいます。

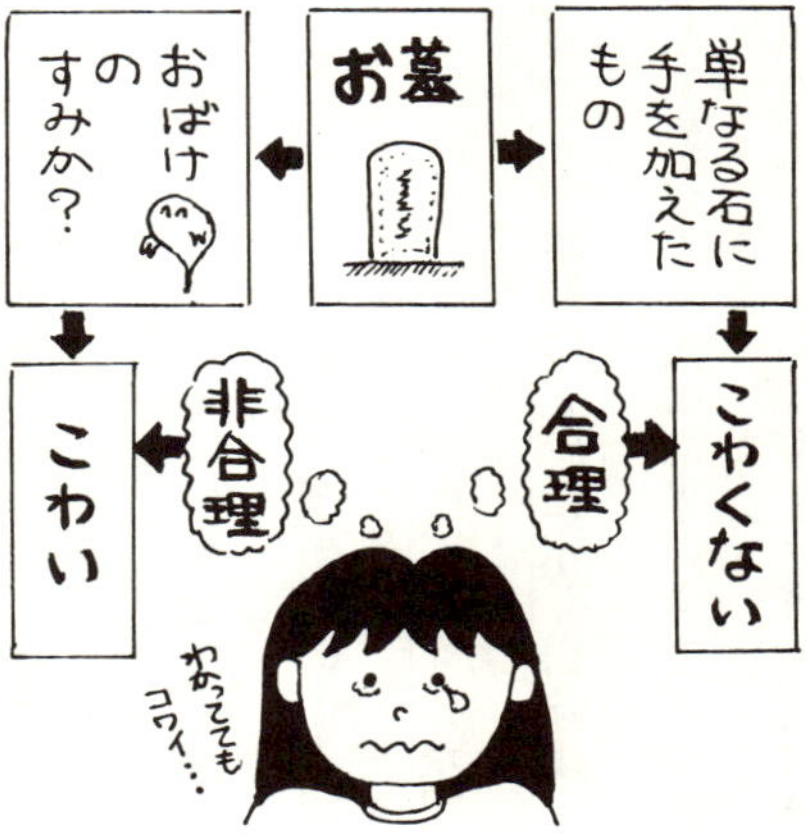

少し長い文章を読んでみよう

……音楽を「書き記す」という伝統は、中世後期からルネサンスの記譜法《音楽を視覚的に書き表す方法》の発明に端を発する。それ以前《中世後期からルネサンス》の音楽は、基本的には口頭伝承《口で言い伝えること》に依存したものであったわけだが、**合理的**《理屈にかなった》な記譜法の発明は、そうした《口承伝承に依存していた》〈音楽を紙の上に書き留めて保つことを可能にした〉のである。そして、ルネサンス期に、そうした記譜法が、更に、ひとつひとつの音の高さや長さを**合理的に**正確に示し得るように改められてゆくにつれて、かつての口頭伝承依存の時代には思いもよらなかったような、非常に複雑な音楽が可能になってくる——口頭伝承依存期の単旋律《メロディーだけのハーモニーのない宗教歌》の聖歌に代わって、個々に独立した動きをもついくつもの声部《高音部・低音部などのパート》が同時に組み合わされるような、複雑な対位法的音楽《独立した複雑な旋律を組み合せた作曲の技法》が、芸術音楽の主体《中心》となってゆくのである。こうした複雑な音楽は、書き記されない限り伝達し得ないというばかりではなく、その作曲そのものも、「書くこと」に依存してはじめて可能になる。

’00年センター（近藤譲『書くこと』の衰退）

文章をまず図解してみましょう。

口頭伝承依存期の音楽
単旋律（メロディーのみ、ハーモニーなし）

↓ 合理的な記譜法
音楽を視覚的に書き表す方法

ルネサンス以降の音楽
複雑な対位法的音楽（複数の声部の組合せ）
＝「伝達」と「作曲」の「書くこと」への依存

「記譜法」が発明される以前、音楽は「口承」によってしか伝達されませんでした。作曲も伝承も記憶に頼るものだったでしょうし、そこでは複数のメロディーを重ねるような複雑な音楽は成立しにくかったでしょう。

しかし、音楽を論理的な方法で目に見える形で定着し、かつそのまま伝達し得る「記譜法＝楽譜」は、その方法も「**合理的**」であり、作曲や伝達が能率的であるという意味でも「**合理的**」である（**理屈にかなっている**）といえるでしょう。

○・×どっち？

① 無理を承知で挑まずにいられないというのも、**合理的**精神の現れであろう。
② 原因がわかっていながらそれに対処しないとは、**不合理**という他はない。
③ 役に立つ本だけ読めばよいというのは、**合理的**すぎる考え方である。

---

① 「無理を承知で」挑むのは、感情的な態度であって、理性的ではない、つまり、合理的ではないということです。

答え　①＝×　②＝○　③＝○

象徴　別の形で表わしていること！

次の例文わかる？

> 天皇は、日本国の**象徴**であり、日本国民統合の象徴であって、この地位は、主権の存する日本国民の総意に基く。

これは、「日本国憲法」の第1条です。この文章に二つ出て来る「象徴」は分かりますか。誰でも知っている「『天皇』を見たり考えたりすれば、『日本国』とか『日本国民統合』という**分かりにくいことも、それなりにボンヤリと分かってくる**」ということです。

ここでもう少し詳しく「象徴」の持つ構造を考えてみましょう。図を見てください。「天皇」は、写真やテレビを通して、私たちのよく知っている人ですネ。その「天皇」を見たり考えたりすることで、たとえば、「国民統合」という、

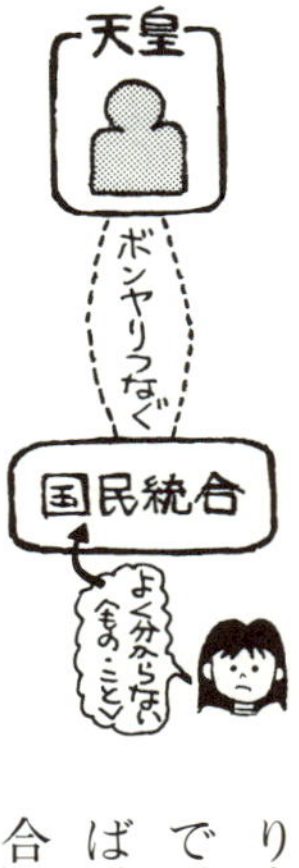

よく分からない〈もの・こと〉を、「ボンヤリつないで」理解しようとするわけです。

確かに、「日本国」であっても、そのままでは分かりにくいですネ。何が「日本国」であるのか……。その時に、「天皇」という具体的存在によって代表させれば、そこには、ハッキリではないがボンヤリと、一つの理解が出来上がります。この働きを「象徴」と言うわけです。「**誰でも知っている分かりやすい〈もの〉とつなぐことで分かりにくいものが分かること**」が「象徴」なのです。

論理・修辞

関連する語

比喩　たとえ

> 敗戦色の濃い中で、彼女の存在が、闇の中の一条の光であったことはまちがいない。

「彼女とは…」と考えたとき、闇を輝かす「一条の光」という鮮明なイメージが、「彼女」と結びつくわけです。この構造は、先に述べた「象徴」ときわめてよく似ています。違いは「たとえている」のか、それとも「別の形で表わしている」かでしょう。

「敗戦」という状況の中では、国民は全体に混乱し、「闇の中」のように、何も見えない、分からないという状態でしたが、その中で、一貫した考え方・行動を行って、国民に希望を与えた彼女（実はMという女性歌手なのですが）が存在しているということは、日本国民に「一条（ひとすじ）の光」を与えるものであり、「…ようなもの」と**たとえる**ことができるというわけです。

「一条の光」という、「闇の中で」ひときわ目立ち、しかも、その中にいる人々のみちびきになり、希望を与えるものが、「彼女」なのだと「たとえ」ることになります。

【直(明)喩】「彼女はクラスの花のようだ」のように、「ようだ」「ごとく」などを使います。

【隠(暗)喩】「海に白い兎が飛んだ」の「兎」（＝「波」）のように、「ようだ」などを使いません。

【擬人法】「午後の死んだ空気が、にわか雨で甦《よみが》えった」の「空気」のように、人でないものを人に見なしてたとえます。

【換喩】「人はパンのみにて生くるにあらず」で、「食糧」を「パン」にしたように、関係あるものに置き換えます。

【提喩】「花は桜、人は武士」のように、総称で特定のものを意味します（逆もあり）。

少し長い文章を読んでみよう

われわれは……この老女（主家の幼君の病気をなおすために胎児の生き肝《ぎも》をとろうとして女を殺し、それが自分の娘であったと知って狂気し、鬼になった老女）の本性がはじめから鬼であったという解釈などは肯定しないだろう。老女はできるだけ平凡な、という以上に誠実な一女性であってほしいのだ。そして、そこから鬼への飛躍の中に、論理ではとうてい説明しがたい老女の極限的（ぎりぎりの）な心情の混乱を、また、その生涯をこの一瞬に賭《か》け捨てるほかなかった追いつめられた心の解明を、鬼への変貌《へんぼう》をとおして肯《うなず》きたいと求めているのである。……この、黒塚の鬼女に**象徴的**（**かわりにその形を使って**）に描き出されているような人生とは、いったい誰のために、何を生きたといえるものであろうか。老女が知らないでわが子を殺してしまった手のあやまちに狂気し、人殺しを重ねてゆく日々は凄絶《そうぜつ》であり無惨《むざん》だが、それ（自分の娘殺し）を見られたことの怒りと羞恥《しゅうち》に思わず鬼に変貌する刹那《せつな》（瞬間）には、怖ろしいというよりはむしろ哀しく美しい要素がまじっている。そこにわれわれがみるものは、無為（意味がないこと）にひとしい生を、殺意にまぎらわしつつ送っていた女の、激しいフラストレーションの爆発（イライラの爆発）の姿である。

'96年センター（馬場あき子『おんなの鬼』）

わが子を殺す「黒塚の鬼女」の話は、悲しく、それだけに本当のことかどうかは別として、この話を読み聞くものにとっては、きわめて鮮明な像として脳裡《のうり》に衝撃を与えます。「この黒塚の鬼女に象徴的に描き出されているような人生とは、いったい誰のために、何を生きたといえるものであろうか」という部分は、その「黒塚の鬼女」という明確な像が、そして、その「鬼女の人生」が、「誰のため、何を生きた」かという点をめぐって、「女」の、あるいは「人間」の「人生」をどのように象徴するものとなっているのか、と問うているのです。

つまり、象徴という行為は、**誰にとっても鮮明なイメージによって、分かりにくい〈もの・こと〉を、雰囲気としてつなぐことによって理解しようとすること**です。ここでは、鬼女は自分の娘を殺してしまうわけで、その生きかたは「誰のために、何を生きたか」という疑問を引き起こすことになるのです。

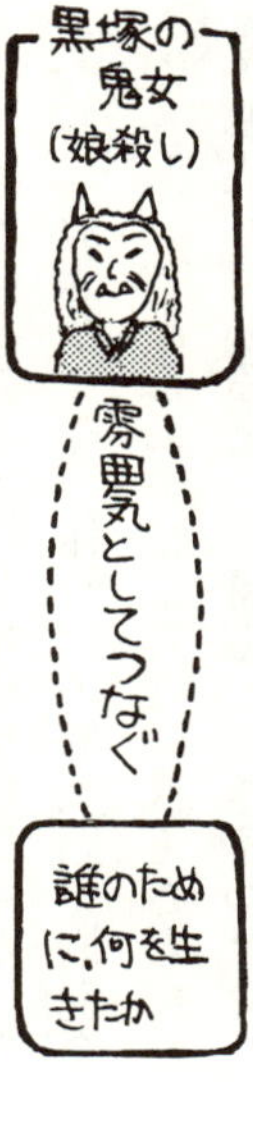

○・×どっち？

① 活発なA子は、わがクラスを**象徴**して、全校集会で発言することになった。

② 二十世紀を**象徴**する、「対立」のイメージを表現する、異なる二本の塔を立てる。

③ 鳩が「平和」を、鼠《ねずみ》が「子だくさん」を**象徴**するのは、まちがいない。

①は、むしろ「代表」です。「ボンヤリつながる」のでなく、ストレートにA子とクラスはつながっています。

答え ①＝× ②＝○ ③＝○

逆説　一見矛盾、実は真理！

次の例文わかる？

> 愉快な青春時代をつくりあげているのは、日々の授業と定期試験であるというのが、高校生活における一つの**逆説**である。

「逆説」とは**「一見矛盾、実は真理」**、つまり、**言葉の上では理屈に合わないようだが、よく考えてみると真実を言い当てているといった論理**をいいます。

この例文も一見しただけでは納得できないかも知れません。高校生活がいかに愉快な時間を含むとしても、それは「放課後」や「休日」のお陰であって、「学校の授業」や「テスト」など、むしろ苦痛であるといった声が聞こえてきそうです。

しかしながらよく考えてみると、その「放課後」や「休日」を解放感に満ちた快活な時間にしてくれているのは、他でもない、「毎日の授業」や「テスト」ではないでしょうか。なぜなら、「授業」や「テスト」の苦痛や束縛こそが、かえって「放課後」や「休日」の解放感や愉悦《ゆえつ》をもたらし、すなわち愉快な青春時代をきわだたせ、形成しているという見方もできるわけで、一見矛盾していると思われた例文は、実は正しいことを述べていたということになります。

これが「逆説」。**「パラドックス」**とも言います。「**負けるが勝ち**」「**急がば回れ**」等のことわざも「逆説」になっています。

関連する語

【皮肉】期待を裏切る結果が生じること

そもそもの意味は「皮と肉体」であり、そこから「**うわべ・表面**」としての用法も生じます。日常よく使われるのは「**遠回しに言う悪口・非難**」としてでしょう。しかし評論では「**ものごとが思い通りに運ばず、期待に反するさま**」として用いられている場合が多いようです。

そして「逆説」的な現象は、しばしばこのような「皮肉」な結果を伴っているのです。

例文 携帯電話を手にした恋人たちは「これでいつでも一緒にいられる」と思った。けれどもそんな幸福感も束《つか》の間、間もなく「これではいつも束縛されている」と感じたり、相手が出ないと、疑い深くなったり、なぜか嫉妬《しっと》深くなったりしてしまうのだった。

携帯電話は人を孤独にするかも知れない。

携帯電話は人と人とをつないでくれる道具であったはずだ。ところが、つながっているのが当り前になると、逆にいつもつながれていて、「束縛」と感じられたり、また電話がつながらないと、自分の知らないところで何をしているのかなどと疑ったりして、相手への不信から孤独感に陥ってしまったりする。

携帯電話が人間関係を結ぶコミュニケーションの道具であるとするなら、それが人の孤独をつくり出すというのは「皮肉な逆説」といえるでしょう。また、「一緒にいられる」幸福を支えるのは、離れている時間の存在だともいえそうです。ここにも「逆説」が潜んでいます。

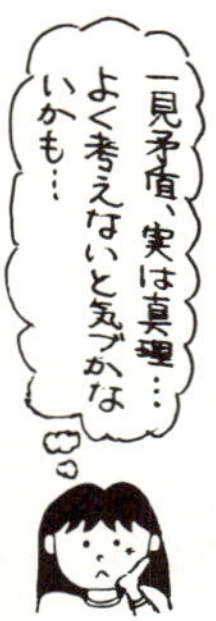
一見矛盾、実は真理…
よく考えないと気づかな
いかも…

少し長い文章を読んでみよう

歴史家は自分の史眼《歴史を見る眼》を信じ、選び取った資料を信じ、書かれた歴史の内容に真実性があると思いこんでいるであろう。都合よく、時代がそれを支持する《書かれた歴史の内容に真実性があるということに賛成を与える》であろう。しかし、本当と思われる断片をいくつも組み立てて行きさえすれば、出来上がった全体がかならず本当だとは限らない。かりに〈ある断片が本当だ〉としても、〈組み立てられたものは別物である〉。過去の人間の社会はまさしく実在したものには相違なかろうが、歴史家がその像をことばで再現しえたと信じたとき、ありようは空虚な枠《歴史家が作ったウソの枠》の中に手製の図式を嵌《は》めこんでみただけかも知れない。過去の人間の群運動がそこに固定して来てはくれないであろう。

〈本当でなければならぬという約束への固執〉がつよいだけ、歴史家の仕事は余計に〈真実性から遠ざかって行く〉ように見える。歴史家のウソはかれらが本当と思いこんでいるものの中に在る。

逆説　逆説

'88年共通一次追試（石川淳『歴史と文学』）

「逆説」が読みとれたでしょうか。

ある断片が本当だ ⟷ 組み立てられたものは別物である

「断片」が「本当」なら、それで「組み立てられたもの」も「本物」になりそうなものですが、そうはならないというのです。

一見矛盾し

た真相の指摘として「逆説」になっています。

また、

本当でなければならぬという約束への固執 ⟷ 真実性から遠ざかって行く

ここにも「逆説」があります。

この文章には、歴史家の陥りやすい逆説的な事態が述べられているのです。

○・× どっち？

① 人類が人類自身のために発展させてきた科学技術が、他ならぬ人類自身を存亡の危機に立たせているとすれば、それは悲しむべき**逆説**である。

② 自然は人間に限りない恩恵をもたらしてきた。しかし、その自然を人間は破壊しつつあるのである。この**逆説**の克服が我々の課題である。

③ 自由は幸福であるか。退屈を恐れてスケジュールを埋め、流行に身を合わせていく我々の姿は、むしろ自由は拘束を欲するという**逆説**を示してはいないか。

② 「しかし」は「逆接」の接続詞です。それをはさむ前後は、「一見矛盾、実は真理」になっていません。

答え　①＝○　②＝×　③＝○

第二章　テーマ語（5テーマ）

読めば栄養になる

この章は読めばよろしい。何度も読んで、「近代」をめぐるいろいろな分野の事項を考えたり思いをめぐらしたりしてみてください。

このところの評論文は、まちがいなく、この章で取りあげたテーマの近くで書かれています。その点で、この章こそ知の背景（知のバックグランド）となるものです。

近代

時代としての近代

「近代(the modern age)」は、歴史的には「古代(the ancient age)」「中世(the middle age)」に続く時代です。普通十四世紀から十六世紀のルネッサンス、十八・十九世紀の産業革命、市民革命等から始まると考えられます。すなわち、ルネッサンスによって、キリスト教の束縛のもとに失われていた人間性の復活が図られ、産業革命及び市民革命によって、中世の封建的な諸関係が打破され、近代の資本主義的な諸関係が準備されることで、解放された市民による新たな社会＝「近代」が出発したのです。「現代」も、「近代」のなかに含まれています。ある意味では、この「近代」を対象化し、相対化しつつあるのが「現代」といえるかもしれません。

さて、その内実は、自然に隷属的《れいぞくてき》で抵抗できなかった「古代」や、人間を超越した存在(神)を世界の中心に考える「中世」に対して、人間中心の時代ということになるでしょう。「近代」とは「人間中心主義」(Humanism)の時代なのです。

産業革命(P.105)

ルネッサンス

➡中世的価値観から脱け出し、人間解放を訴えその実現を目指し、ギリシア・ローマ文化の復興を願う文芸復興運動。

対象化(P.41)

相対化(P.28)

つまり、「中世」において、キリスト教を中心とした西洋社会では、図1のように、唯一の創造主（神God）が、他の全て（被造物）を作った、と考えていたのですが、「近代」では、その中世の「神」の位置に「人間」を置いたのです。他の「動物」や「自然」は、必然的に、「人間」の下に置かれることとなります（図2）。

このことの意味は二つあります。その一つは、「神」という、人間を超越した存在を否定し（「神は死んだ」ニーチェ）、人間を、超越的な存在、神の呪縛《じゅばく》から解放したということと、もう一つは、同時にそれは、人間が人間以外、例えば自然に対して、傲慢《ごうまん》に高みから支配できると考えることが可能になったということです。やがて、このことによって、人間に「近代」という問題群をつきつけるものとなるのです。

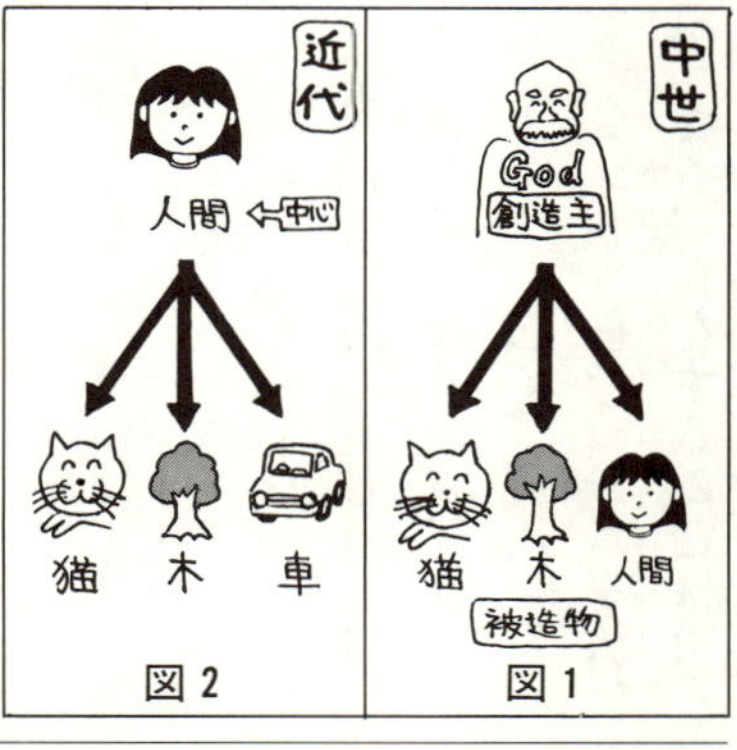

図1　図2

創造主（P.158）
被造物（P.158）
ニーチェ
➡哲学者。『ツァラトゥストラはかく語りき』。
傲慢
➡おごり高ぶって他を見下すようす。
「近代」という問題群（P.100）

近代化

「近代化」とは、中世的な人間関係や封建的な社会関係、産業などの手工業状態を能率化して、機械化し改革（イノベーション）することですが、中進国、後進国では、「西洋化」することとほぼ同意であり、「西洋に追いつけ、追いこせ」というスローガン（評語）によって示されるものとなりました。日本の明治維新（一八六八年）も、西欧に圧倒され、自国の後進性を自認した日本の「西洋化」すなわち「近代化」の歩みだったのです。

思想として近代

この「近代」の、ものの考え方の基礎づけを行ったのは、フランスの哲学者デカルトです。彼は、全てを、理屈にそって合理的に考えて行きます。そうすると自分の周辺にある〈モノ・コト〉が、次々と疑わしくなって行きます。「なぜ花は美しいのか」「美しいとは、どういうことか」「美しいものを見ると、胸が熱くなるのはどうしてか」「なぜモノは、あのように見えるか」……。そして、最後に気が付くわけです。「しかし、あらゆる〈モノ・コト〉を疑っている私だけは、どのようなことがあっても、誤りなく、存在することは明ら

封建的社会関係
➡神の（創った）秩序に基づく階級（王—騎士—農民）的社会。

手工業
➡機械化以前の手作業を中心とする〈親方—弟子〉秩序による工業。

デカルト（P.104）
合理的（P.80）

かだ。cogito《コギト》 ergo《エルゴ》 sum《スム》 私は考えている　だから　私はいる」。

　この言葉に表されているデカルトの考えは、「考えている〈私〉(思《し》惟《い》する〈私〉)」の存在と、疑われている「〈私以外〉の存在(対象)」を分離しているとも言えるわけで、〈私〉=主体(subject)と〈私以外〉=客体(object)を分離する、「主客二元論」の主張と考えられます。世界を主客二つに分ける理論は、世界の中心に〈私(=自己)〉を置いた、いわば〈私〉をかつての「中世」の「神」の位置に置いたとも考えられます。自己中心、自我主義です(P.95図2)。

　また、このことは、自分以外の世界を客観化=対象化する(自分と切り離し、利用する)ことになり、「科学」を生み出す基盤ともなります。確かに自分と世界がべったりとくっついていれば、とても、客観化(切り離し、利用すること)など出来るはずがないのですから。

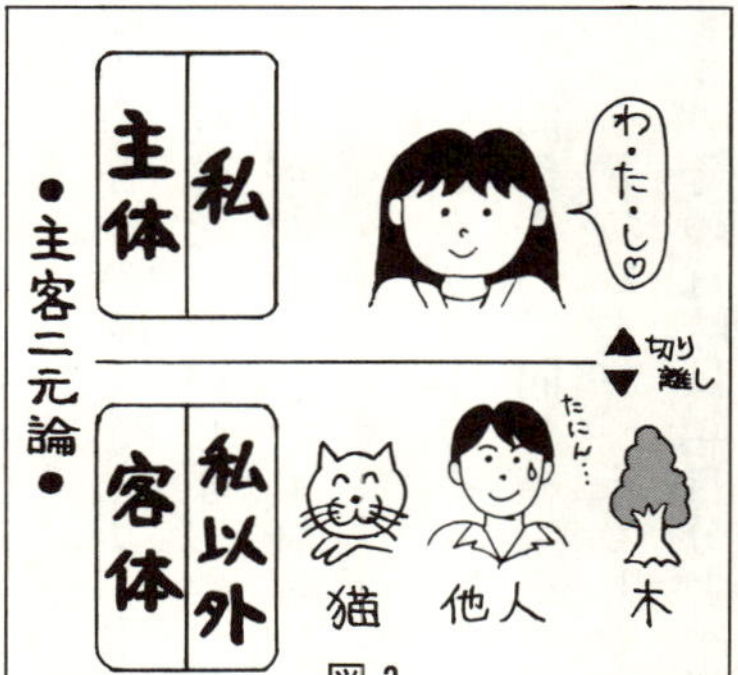

図3

思惟する
↓考えている。

主体(P.37)
客体(P.37)
二元論(P.127)

客観化(P.37)

近代合理主義

主客二元論によって「考える〈私〉＝人間」と「客体としての世界（モノ・コト）」が切り離されることになりました。そこで「世界（モノ・コト）」を全て「人間の理性」によってとらえようとする態度が生じます。「近代」において、その「理性」は、たとえば「科学」によって裏づけられるような「合理的」な態度・思考をもたらしたわけですが、そのような「科学的理性」によって「世界」をとらえ、生活を貫こうとする立場こそが「近代合理主義」と呼ばれるのです。

科学としての近代

前に書いたように「近代」が人間中心の合理の時代であり、主客二元論的な時代であったことが、科学の発達をうながしました。科学は、人間が中世の神の位置に立って、一点から、しかも合理的に考えて行く「体系」として出来たのです。

その中心には、数量化、抽象化、一般化があります。そして科学は、「いつでも、どこでも、誰にでも」、同条件内で同じ結果を可能にする再現可能性、公開性と普遍性を伴うものですが、その中でも「対象化」という作業が基本にあります。その意味は「自分と距離

理性（P.172）

➡接近し、近すぎる〈モノ、コト〉はきちんとした像を目の前に結ばない。適当な距離があるとき（対象化されたとき）、目の前の〈モノ・コト〉は、理屈に合うように（合理的に）立ち現れる。この時に、人間の「理性」がいちばんよく働く状態になる。

体系（P.56）

再現可能性（P.107）

普遍性（P.20）

を置いて観察し、利用し、自分に都合のよいように変えること」にあるわけです。

例えば「自然の対象化」を考えてみましょう。

人間は、その昔(「古代」「中世」では)、当然にも自然の中に生まれ、自然とは融合的でした(図4)。ところが人間が「近代」のおとずれと共に自然を対象化(切り離し、目の前に置くこと)すると、図5のように、まるで自分は自然と関係がないかのように見ることが出来るようになるわけです。そうすれば、次には、自然とは無関係であるわけですから、自分に利用できるよう、都合がいいように、「作り変える」こともできるわけです。ですから「自然を対象化すること」とは、「自分と自然を切り離し、距離をとって目の前に置き」「自分の都合で作り変えること」を意味することとなります。

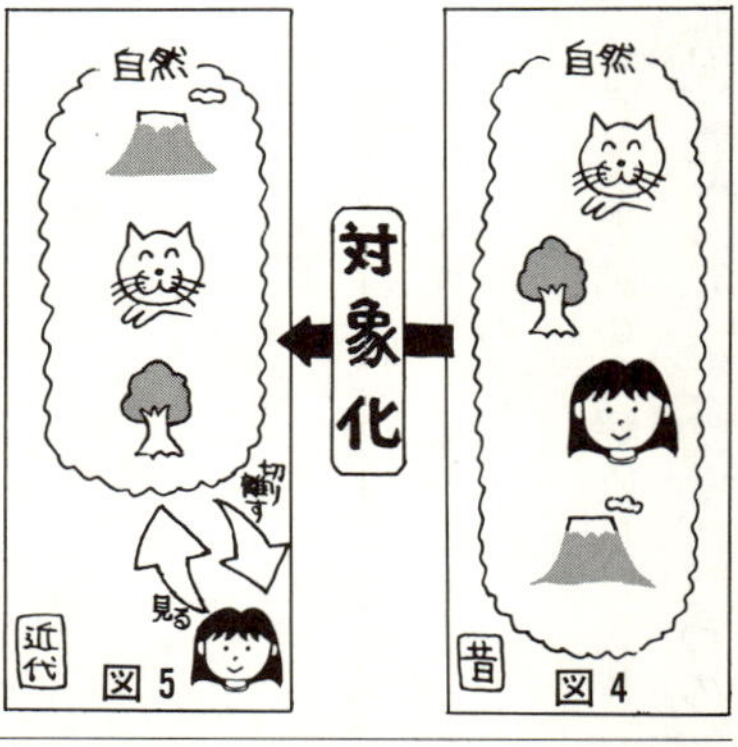

都合のよい
↓人間にとって都合のよい。
対象化(P.41)
古代(P.94)
中世(P.94)

自然の改変

最近問題になっている環境問題は、この人間による「自然の対象化」にその源を発します。古代から人間は、その生活空間をより安定したものにするため、手を加え、自然を利用して生きていました。しかし、近代以降、その規模と速さが急速に増していきます。自分自身から切り離して目の前に置いた自然は、当然、人間によって手を加えられることになるわけですが、人間も実はその自然の中の一生物であるということには変わりがありません。ここに、人間による自然の改変が、人間を除く自然のみならず物である人間自身にも影響を及ぼすに至ったのです。

問題群としての近代

実は、人間の「理性」や「科学」の輝かしい勝利を示したかのように見えた「近代」は、さまざまな問題を孕《はら》んだ時代であることが、人々の共通の認識となったのは、二十世紀に入ってからのことでした。

「科学」は人々に幸福をもたらし、苦しい労働から解放し、病苦から救い、便利さをもたらしたように見えました。しかし、二つの

環境問題
➡地球温暖化・オゾン層破壊・熱帯林の減少・野生生物種の絶滅・酸性雨・大気汚染・水質汚濁・砂漠化・産業破棄物の越境移動など、近代になってからの人間活動の拡大によって顕著になった、人間を取り巻く環境をめぐる問題。

問題群
➡さまざまな問題の集まり。

認識（P. 44）

世界大戦、そして核兵器の悲惨《ひさん》さ、地球上の生命の絶滅の可能性は、まちがいなく科学が作り出した逆説だったのです。つまり、人の幸福を実現してくれるはずの科学が人を不幸に陥れるように作用するということです。また、「公害」や人間味を失ってしまったさまざまの工場生産、クローン問題、産業廃棄物中のダイオキシンの存在、オゾン層の破壊、車公害等々、数え上げればきりがありません。

「医学」の発達こそは、人間を病魔から救ってくれた、と考えられますが、同時にＭＲＳＡの出現は、本質的な「医学」の矛盾を顕現させています。病気をなおすのでなく、病院が原因となって、病気が広まって行くからだと思われます。これも逆説的です。

「栄養のとりすぎによる肥満」や「コンピューターによるバーチャル・リアリティだけがすべてで、現実感がなくなること」などはどうでしょうか。

また、「近代」になって人口が都市に集中して、その中で群衆の中で個人が「孤立化」する問題、マスメディアの発達が、多重の情報をたれ流しにするが故に、人々が情報に無感覚になって、情報をただただ、自分の体の表面にシャワーのようにたれ流し反応しなくなってしまうことなど……。考えれば考えるほど、「近代」は、人間に

逆説（P.88）

公害
➡一企業が生み出した環境破壊で「私害」。

クローン
➡遺伝子操作による動物複製。

ＭＲＳＡ
➡メチシリン耐性黄色ブドウ球菌。抗生物質に耐性を持ち、院内感染の原因菌として問題になっている。

バーチャル・リアリティ（P.142）

マスメディア（P.137）

情報のシャワー
➡マクルーハンの説。

対して、「問題群」として迫って来ているように考えられますし、ここから脱出することは多大の困難を伴っているように思われます。

……

ポストモダン

「科学」を基幹とする「近代合理主義」は人々に新時代の到来を感じさせ、その成果は物質的な豊かさとして、少なくともいわゆる先進国の人々には多大な恩恵をもたらしました。しかし一方で、それは、以上みてきたようなさまざまな問題をつきつけ、また「人間疎外」と呼ばれる状況さえ生み出しています。

そこで、これまで人々が信頼し、絶対視さえしてきた「合理主義」の時代としての「近代」を相対化し、乗り超えようとする思想傾向が生じ、一般に「ポストモダン」と呼ばれています。

近代合理主義 （P.98）

人間疎外 （P.109）

↓人間が本来あるべき人間らしさを失った非人間的状態。

ポストモダン

↓脱近代。

コラム

(1)　無意識

精神分析学の祖、ジグムント・フロイトは、人間の行動の中に、日常生活に於ける錯誤（たとえば、「言いまちがい」の如《ごと》き）や、夢の中の行動のように、人間の意識（＝何か目的を決めて、それを了解すること）したものでないものがあることを発見しました。そして、それを、「無意識の行動」と名付け、分析していきました。その結果が『日常生活の錯誤』『夢判断』（フロイト著作集、日本教文社、岩波文庫）として上梓《じょうし》（出版すること）されました。

このように、近代という時代は、人間の意識の及ばない部分へも、いわば「意識と言語の光」を当てて、意識化し言語化していくことを通して、あらゆる〈モノ・コト〉を、人間の意識が科学的に、理性的に把握しようとしたのです。

その点では、ユダヤ人フロイトの「弟子」の中で唯一のドイツ人のユングが、どのようにしても理性が及ばぬ部分を人間精神が持つことを指摘し、フロイトとは別れてユング流の精神分析を創り出した（「共同的無意識」「原型」理論等）ことを考え合わせた時、この分野でも、近代や二十世紀が「科学主義・理性主義対（神秘主義的）反科学主義」の時代であったことが理解できると共に、ドラマチック（芝居的）でドラスチック（激動的）な世紀であったことも、確認できることになります。

科学と人間

科学の方法

思惟《しい》する（考える）「精神」と「物体」とを明確に区別し、いわば**「主体」によって「客体」を「対象化」しようとする**近世の**二元論**的立場は、かの**デカルト**によって創始されたわけですが、デカルトの『方法序説』には、「対象化」を通してものごとの真理に到達するための方法が呈示されています。

一　疑いきれないもの、明らかな真理として証明できるもののみを、自らの判断に取り入れること。**「方法的懐疑」**。
二　複雑で困難な問題を、できるだけ単純で検討の容易な部分に分割すること。**「分析」**。
三　分割された単純な小部分から出発して、それらを結びつけることでもとの複雑な全体の理解に到ること。**「総合」**。

おそらくこれらは、「科学的思考の根本原則」といってよく、理数系の問題は無論ですが、たとえば日常生活において直面する課題に

主体（P.37）
客体（P.37）
対象化（P.41）
二元論（P.127）
分析（P.65・166）
総合（P.166）

対してもしばしば有効に機能することでありましょう。難題も、解決し得る平凡な問題の組み合せにすぎないとわかれば、あとは根気よくその一つ一つを片付ければよいわけです。それをせずに目の前に現れた問題をそのまま扱おうとするから、空しく困惑する他なかったということもあるのではないでしょうか。

科学万能論

さて、このような「科学の方法」は、すばらしい力強さで様々な問題を解決し、さまざまな夢を可能にしてきました。今日の日本に見る「物質的な豊かさ」も、まさに、この「近代的な方法」が生み出したといってよいようです。

たとえば、産業革命によって成立したのは工場制機械工業ですが、これもまた「分析と総合」です。かつては一人の職人がある製品をゼロから作り上げていたわけですが、「分業」によって、一人の労働

産業革命
↓18世紀半ばイギリスに起こり欧米諸国に波及した。手工業的形態から機械工業への変化は、生産の担い手を熟練した職人から労働者による分業へと変容させ、その後の社会形態を根本的に変えることになった。

分業（P.198）

者が一つの工程だけを担当し、多くの労働者の仕事を「総合」して製品が完成するように工夫した結果、職人に要求されていた広範な熟練の必要もなく、しかも短時間に大量の、よって低価格の製品の生産が実現したのです。

また、医療の領域も同様でしょう。健康を損なったならば、その「原因」を「分析」し、たとえば心臓が「原因」だとなれば、その心臓に対して「治療」を施すことで、その人「全体」の健康は恢復《かいふく》されるわけです。近頃は、その臓器を交換する、いわゆる臓器移植さえ行われるようになっています。

その他、宇宙や原子やＤＮＡなど、人類は壮大な可能性の実現をまさしく「科学」によって果たしているわけで、そうであれば、今日存在するさまざまな問題も、やはりこの**「科学的な方法」で全て解決し得るように感じる**といった**「科学万能論」**とでもいうべき、信仰に近い、**「科学」に対する素朴な信頼**も、やはり無理からぬことといえるかもしれないわけです。

科学の有限性

では、科学は万能であるか、科学に限界はないのか——こういっ

総合（P.166）

分析（P.65・166）

臓器移植

➡人間の死は通常、心臓停止によって確認されるが、それ以前の脳死段階、未だ死ではないが、確実に死に到る段階を人の死と認め、心臓停止以前の臓器移植が認められるようになっている（一九九七年『臓器移植法』）。

有限性

➡限界のある様子。

た疑問に答えているのは他ならぬ科学者自身です。たとえばある物理学者はおおよそ次のようなことを述べています。

赤とか青とかの色は光の波長などによって規定される。すなわち、その波長が、計測できれば色彩は理解できるということである（逆にいえば、そのような波長を作り出せば、同じ赤や青を再現することもできる。音も同様で、音は空気中の振動であるから、その振動を、たとえばレコード盤に刻むなどして、つまり溝として記録し、後にその溝に針をたどらせてもとの振動を作り出してやれば、同じ音が再生されるはずである）。

では、その赤や青といった色彩の感じそのものはどうであるか。色が科学的に再現できるように、感じも再現しうるか。残念ながらそれは科学の網目からもれてしまうのである。

ここに**科学の限界**が見えます。科学は「分析」によって「**再現可能性（反復可能性）**」を実現しています。同じ条件の下で同じことをくり返せば同じことが生じる。同一の原因からは同一の結果が得ら

再現可能性

⬇一回性（たった一度きりのこと）ではなく、何度でも同じことが実現できる性質。いわゆる「法則」が、この再現可能性を裏付けるのである。

れる――ここにこそ科学の力があるともいえるのですが、この「再現可能性」、いいかえれば「法則」の定立を可能にするためには、具体的な体験のその具体的な中味（たとえば赤という色の感じなど）を「捨象」し、「抽象化」することが必要です。**具体的な私たちの生き生きとした経験はその時だけのもの、「一回性」のものですので、切り捨てられてしまう**わけです。

科学は具体的な経験の一面を抽象し、抽象化された経験は、他の同類の経験と関係づけられて分類される。このように抽象化され、分類された経験は、原則として、一定の条件のもとで繰り返されるはずのものである。従って科学は、法則の普遍性について語ることができるのである。たとえば一個の具体的なレモンは、その質量・容積・位置・運動等に還元されることによって、力学の対象となり、またその効用や生産費や小売価格などに還元されることによって、経済学の対象となる。

（加藤周一『文学の概念』）

このようにして人間の一回限りの具体的な要素が捨象されるということは、全てが均質に抽象化され、画一化されることを意味します。その人だけの独自の要素は切り捨てられ、他の人々と共通する

捨象（P.25）
抽象化（P.24）
一回性
➡一回限りであること。
還元（P.196）
画一化
➡個性が失われ、皆同じような存在になること。

部分だけが生かされている。個人の「かけがえのない」命とか存在とかよくいわれますが、「科学」に象徴される「近代合理主義」のもとでは、その「かけがえのない」部分、とりかえのきかない要素は考慮されないのです。

たとえばゼロからものを作り上げた職人の時代、その職人は、少なくとも彼がいないとそのものが作られないという意味で「かけがえ」がなかったはずですし、彼自身も、そのような自分、他人ではない自分自身という手応えのある存在感を自覚しえていたかもしれません。しかし、労働者の時代、一人の労働者は他の労働者と取り替えがきくわけで、その人が少なくともその仕事において、自分の「かけがえ」のなさ、他ならぬ自分自身を感じられるかどうか――。

科学と文学

画一化された人間存在、個性が消し去られ、モノのように交換可能な非人間的人間存在。そのように人間の本来性を喪失した存在として自己を顧みざるを得なくなっている状況があるとすれば、それは人間にとって不幸であるというほかはないかも知れません。

たしかに「科学」は、あるいは「近代合理主義」は、その圧倒的

近代合理主義（P.98）

上のような非人間的人間存在のあり様を指して「**疎外**」ということがある。

疎外

1 **のけものにすること。**

2 **人間が自ら作りだしたものによって逆に支配されること（自己疎外）。**

3 **人間が本来あるべき本質を失った非人間的状態（人間疎外）。**

な力で不可能を可能にし、夢想を現実にし、豊かな知や生活や健康を実現してきました。しかし、それ故に「文明」は「科学」に依拠しすぎたのかも知れないわけです。人類を幸福にし幸福にしつつある「科学」は、同時に地球環境を破壊しつつあるかも知れない、幸福になりつつある人類を、他の生物もろともこの地球から疎外しつつあるかも知れないし、また同時に、その人間を人間らしいあり方から疎外しつつあるかも知れないわけです。

「科学的であること」、「合理的であること」は、人間の知の一面にすぎません。「科学」や「合理主義」の及びえない領域が軽視されてきたことが今日、さまざまな矛盾として顕在化しているとするならば、そのバランスの回復こそが人々に求められているともいえるでしょう。

文学は、科学がその抽象化の過程で「捨象」した一回性の部分、**生き生きとした具体的な部分を担う**ものとしてありうるでしょう。人間として画一化され得ない部分、生き生きとした本来的な人間存在のためにありうるでしょう。文学はそのような地平においてこそ求められているのではないでしょうか。

文学は具体的な経験の具体性を強調する。具体的な経験は分類

文明（P.116）

合理主義（P.80・98）

捨象（P.25）

されることができない。また決してそのまま繰り返されることもない。分類の不可能な、一回限りの具体的な経験が、文学の典型的な対象である。（中略）具体的で特殊な一回かぎりの経験は、科学の対象にはならない。まさに科学が成りたたぬところにおいて、文学が成りたつのである。

（加藤周一『文学の概念』）

科学と倫理

人類の滅亡――環境破壊や核の問題は我々人類が滅びてゆくイメージさえもたらしています。そういったいわば極限的な状況の下、「科学」とそれを扱う、あるいは扱いかねつつある現代人には、何か非常に緊迫した認識が要求されているといえそうです。

宇宙物理学者の池内了氏は、その「核」について次のように言及しています。

「人間の酸素呼吸などは原子同士の結び付きの変化である化学反応です。地球上の生きとし生けるものはすべて化学の世界の生物です。他方、核反応は核分裂や核融合という原子そのものの変化で、星の世界で起きている現象です。このふたつは全く次元の

特殊（P.21）
認識（P.44）
現象（P.33）

異なる反応だ。化学の温度がセ氏一〇〇〇度だとすると核の世界は一千万度。差は一万倍もあり、核分裂は生命の論理とは違う論理で動く世界です。さらに、大量の放射性物質を作り出し遺伝子を脅かします。人類は核と共存できません」

「一言でいうと、一〇〇〇度の知恵しかない人類がごう慢にも一万倍の世界をコントロールできると誤認し、核保有国はそれで安全を保とうとしているのです。危険極まりないこの状態は、地球の生命体への敵対行為以外のなにものでもありません」

（池内　了　二〇〇〇年八月五日　朝日新聞朝刊）

また哲学者の木田元氏は、次のように述べています。

われわれはこう教えられてきた。つまり、科学は人類の理性の産んだ偉大な叡知《えいち》である。もともと科学は実用などとは無関係に、ひたすら物を冷静に見つめることから得られる無垢《むく》な知恵だったのである。それをたまたま実生活に応用したのが技術なのであり、その意味では技術も窮極的には理性の所産である。人類の理性が産み出したものを、人類が理性によってコントロールできないはずはない。われわれ人類には、この程度のものを自由にコントロールする力は十分あるはずだ、と。

叡知
↓すぐれた深い知恵。
無垢
↓汚れのない様子。

だが、本当にそうであろうか。
人類の理性が科学を産み出し、その科学が技術を産み出したという、この順序に間違いはないのであろうか。

………むしろ技術がはじめて人間を人間たらしめたのではなかろうか。原人類から現生人類への発達過程を考えれば、そうとしか思えない。火を起こし、石器をつくり、衣服をととのえ、食物を保存する技術が、はじめて人間を人間に形成したにちがいないのだ。

たしかに技術が人間を助けてくれることは多い。もともと人間を人間にまでつくりあげてくれたものなのだから、それは当然であろう。だが、だからといって、技術の真意が分かったとか、技術が人間の意のままになるなどと思わない方がよい。技術の論理は人間とは異質なもの、人間にとっては不気味なものだと考えて、畏敬しながらもくれぐれも警戒を怠らない方がよいと思うのである。

（木田　元『哲学以外』）

理性（P.172）

畏敬
➡相手をおそれおおいものとして、敬うこと。

　これらはいずれも、これまでの人類の驕慢《きょうまん》に対する戒《いまし》めとして、今日強く要請されている倫理のあり方を提示するものとして興味深いものです。これまで科学に集中されてきたともみえる人間の知の努力は、今日、その科学自体を相対化し批判しつつ、今後の科学のありようを見定めるためにこそ払われなければならないのではないでしょうか。

驕慢
➡おごりたかぶる様子。
相対化 （P.28）

小説のことば１

①　――線部の語と意味が異なるのはどれ？

部下のAの家は、いつ行っても細君が出迎えてくれる。

ア　家内《かない》　イ　旦那《だんな》

ウ　女房《にょうぼう》　エ　奥《おく》(さん)

②　「おそれる」気持ちと意味的に直接関係のないものはどれ？

ア　おぞ気《け》をふるう　イ　背筋《せすじ》が凍《こお》る

ウ　戦慄《せんりつ》が走る　エ　眉《まゆ》をひそめる

③　次の文の空欄《くうらん》に入らないのはどれ？

B氏の□態度に、みんなは激しい怒りを感じた。

ア　ぞんざいな　イ　せち辛《がら》い

ウ　おおぎょうな　エ　おうような

④　次の文の空欄に入るのはどれ？

せっかく築いた□を潰《つぶ》すようなまねはしないでくれ。

ア　渾身《こんしん》　イ　身代《しんだい》

ウ　骨身《ほねみ》　エ　憂《う》き身《み》

《解答は203ページ》

文化と文明

文化と文明の違い

「文化」とは、人間の精神活動が生み出したものであり、特定の時代や地域の人々の集団が持っている、言語・習慣・伝統・法・芸術・思考様式の総体であり、「文明」とは、人の知恵が進んで機械などが発達して成熟・進歩した社会の状態で、「未開」の対立的な状態である、という区別がなされます。言い換えれば、「文化」とは人間の精神的所産の集積であり、「文明」とは物質的・技術的に発達をとげた状態ということです。この観点から、「**精神文化**」と「**物質文明**」あるいは「**機械文明**」という対立的な考え方が出てきます。

また、「文化(culture)」が「耕す(cultivate)」に由来し、文明(civilization)がラテン語の「市民(civis)」や「都市(civitas)」に由来するところから、「文化」は人が自然に対して働きかけて築き上げたもので、「文明」は**都市性**をもつという要素を指摘するものもあります。

所産

➡生み出されたもの。

都市 (P.198)

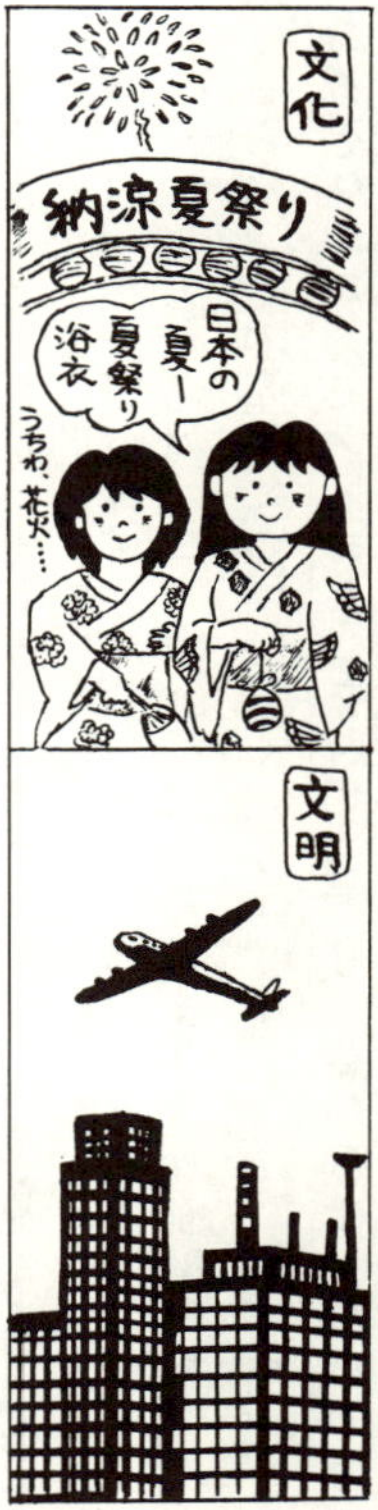

文化接触と文化摩擦

「文明」と「文化」を考えるにあたって、おもしろい著作があります。

パパラギは、巻貝《まきがい》のように硬い殻《から》の中に住み、熔岩《ようがん》の割れ目に住むムカデのように、石と石の間で暮らしている。頭の上も、足の下も、からだの周りも、すべて石である。パパラギの小屋は石でできていて、まっすぐな箱のような形をしている。たくさんの引き出しがつき、あちこち穴だらけの箱である。

この石の箱を出入りするのは、たった一つの場所からだけである。この場所をパパラギは、家を出るときには出口と呼び、はいるときには入口という。たとえ二つの名前がついていても、二つはまったく同じものだ。

パパラギ
↓西サモアの語で「白人」の意味。

この場所には大きな木の翼《つばさ》がついていて、小屋にはいるときには、この翼を力いっぱい押さなければならない。一つ押しあけてもそれは手はじめで、本当に小屋の中にはいるためには、まだまだたくさんの翼を押さねばならぬ。

これは一九二〇年に書かれた「パパラギ」という作品の一節です。全編にわたってこの調子ですから、少し変なイメージをうけますが、暗示的でもあります。

太平洋上の西サモアにある島の酋長《しゅうちょう》「ツイアビ」が20世紀初頭のヨーロッパを訪れ、そこでの見聞（体験）を村人に伝えるというもので、表紙に「はじめて文明を見た南海の酋長ツイアビの演説集」とあります。

この作品で語られているヨーロッパの姿は、20世紀初頭のヨーロッパの実像です。ただ、それまでヨーロッパの社会を見たことのなかった人物が、それとの接触による驚きと恐れを村人に伝えたのですが、その村人たちは、ヨーロッパにあるさまざまな制度や科学技術、さらにはその産物について全く知りません。また、ヨーロッパにあるそれらの〈モノ・コト〉をさす言葉も当然知らなかったので

暗示
↓はっきりと示さないで、ほのめかすこと。

す。だから、まるでナゾナゾのような暗示的な言葉が目立つのです。

右の文章にあるのは、コンクリートでできた四角い大きな箱の中に多くの部屋があり、多くの人々が住んでいる建物、つまり、アパートの様子です。

ところでこのツイアビの演説を当時のヨーロッパやアメリカの人が聴いたら、どのように感じたでしょうか。

この頃、アメリカやヨーロッパでは、飛行機が発明され、それが発達して戦争に使われ、その結果、戦場が平和な市街地にまで拡大した時代でした。つまり、直接の戦場とは遠く離れた、安全なはずの日常の生活場所も安全ではなくなったということです。

また、アメリカではT型フォードと呼ばれる車が人気を博し、その影響で、機械による大量生産が行われるようになっていました。

一方で、機械が中心となった工場での労働は人間に人間らしさを感じさせないいわゆる「**疎外**」という状況を生みだし、それでも労働者を集めなければならないために、賃金を上げることで労働者を定着させていったのです。

この結果、労働者は収入が増え、お金があれば大量の商品を消費できる、**消費社会**が出現し始めた時代でした。

疎外 （P.109）

消費社会
➡大量生産に基づく大量消費の社会。

つまり、「科学」の生み出したさまざまなものが人々の生活を豊かにし、その一方で、矛盾も生じていたのです。しかし、当時の人々は、飛行機や自動車の発明、実用化の方に称賛を送り、自分達の社会が作り出したもののすばらしさに酔いしれていました。これらの産物は、彼らにとって誇るべき「文明」の所産だったわけです。

したがって、「文明」を謳歌する彼らヨーロッパ人の側からツイアビを見ると、その「文明」を理解できない「**未開**の人間」と映ったと考えられます。

異なる二つの「文化」が接触することを「**文化接触**」といいます。それぞれの「文化」を担う人々が直接接触する場合と、直接的な接触なしに、伝播《でんぱ》によって起こる場合があるのですが、その接触の場面が、「パパラギ」の中に述べられています。この接触は長期にわたる場合、お互いの「文化」を刺激し合って、「**文化変容**」を起こすことがあります。

また、文化接触に際して、人々はそれぞれ自分たちの文化の基準で相手を推し量るために、誤解や摩擦を生むことが多く、これを「**文化摩擦**」と呼びます。さまざまな事柄に対する評価基準のことを「価値観」といいますが、お互いの「価値観」がぶつかり合うのです。

矛盾（P.168）

文化接触
➡二つの異なる文化同士が接触すること。

文化変容
➡文化の内容が変化すること。

価値観（P.180）

「パパラギ」にあるサモア人のものの見方や価値基準とヨーロッパ人の価値基準がぶつかり合ったのは文化摩擦のよい例です。

文化相対主義

異なる「文化」同士の接触は、それぞれの「文化」が持つ制度や習慣、ひいては、それらを支えるいろいろな局面での価値観のぶつかり合いを生じると述べました。それは次のような考え方にもつながります。

ヨーロッパ諸国がその工業力と経済力をもって海外に進出して行った時代、ヨーロッパ諸国は自分たちの持つ文化が世界で最も進んだもので、世界で一番優れているのだという自負がありました。この考え方は、一方で、ヨーロッパ社会と最もかけ離れた生活、たとえば法もなければ、キリスト教的な宗教もなく、生活も自然の中で行われているようなところ、「科学」やそれによる「技術」がなく、アニミズムやシャーマニズムが生活や人々の行動様式を決めているような地域をさして「**未開**」という概念を生みました。人間の「文化」にも「進化」があってヨーロッパの文化が進化の頂点にある、といわんばかりのこの考え方を、「文化進化主義」といいます。

アニミズム
➡自然物に霊魂が宿ると考え、それを信仰する思想。

シャーマニズム
➡まじない師であるシャーマンのおつげなどを信じる原始宗教の一つの形態。

しかし、やがて、ヨーロッパ「文化」を基準にして、「文化」の〈優劣〉を決めることに対して批判的な考え方が起こりました。これを「**文化相対主義**」といいます。「**文化相対主義**」は、「文化」はそれぞれ独自の発展を遂げてきたものであり、一つの基準で判断することはできず、それぞれの「文化」に価値を見出そうという考え方を支持しています。

しかし、これとは対照的に、自分たちの所属する民族の「文化」を絶対として、自「文化」の価値観で他の民族や「文化」を判断しようとする、「**自民族中心主義**」があることも確かです。

ここまで述べてきたように、「文化」というものの解釈は多様で、かつそれぞれの持つ価値観も異なるわけですから、どうしても「文化摩擦」や「異文化」に対する誤解が生まれるわけです。

しかし、交通や通信の発達、さらにはヨーロッパで生まれた、都市を中心とする近代技術文明が、世界中に広まり、さらにインターネットなどによって情報を共有できるようになり、グローバル化が進んでいるのが今日です。

中心と周縁

文化相対主義
➡それぞれの文化に価値を見出そうという考え方。

グローバル化
➡地球規模に広がること。

　ここまでは**「異文化接触」**を中心に話をすすめてきましたが、「文化」をとらえるもう一つの視点があります。一つの「文化」の内側に焦点をしぼった場合、一つの「文化」はその「文化」の中で独自の**秩序**をもっています。ところがこの**秩序**が強いものになればなるほど、**伝統**を大切にする考え方や、**常識**が力をましてきます。ところが、**常識**や**伝統**は、人々を**日常**の中に埋没させ、社会全体を活力のないものにする場合があるのです。**「文化」**の**「中心」**には**秩序**や**伝統**や、**正統**なものが大きな力をもって存在しますが、その端っこの部分、つまり、**「周縁」**には、**「非日常**的なもの」、**「異端」**と見なされるものが常に生まれ、これが**「中心」**にあるものを刺激するのです。「文化」の**「中心」**部は常に**「周縁」**によって刺激され、活性化しているわけです。サブカルチャーも同様な観点からとらえることができます。**「非日常的」**な**「祝祭性」**は**「日常」**に埋没したもの、つまり、新鮮さを失ってしまったものを活性化するのです。

　二十世紀最後の年にオーストラリアのシドニーで行われたオリンピックで、文化というものを考えさせる一つのできごとが進行していました。

　先住民族であるアボリジニーは、ヨーロッパ人に迫害をうけてき

秩序（P.57）
常識（P.45）
日常（P.13）
周縁（P.154）
中心（P.154）

ました。さらに今世紀に入ってオーストラリア政府は同化政策の一環として、アボリジニーの子供を親から引き離し、教育するということを行いました。その結果、現在、アボリジニーの「固有の文化」は、危機的な状況にあるのですが、オリンピック会場のすぐそばで、このアボリジニー達が、自分たちの伝統の祭りをやったのです。白人達が土地を私有したために、「大いなる心」とつながっているはずのアボリジニーが土地とつながれなくなり、アボリジニーの魂は今もさまよい続けている、という主張をし、民族としてのアイデンティティと権利を回復するための行動だったようです。前半で紹介した、「パパラギ」にある問題点が浮き彫りにされたような、象徴的なこの出来事は、「文化」を考える手がかりとして、印象に残るものでした。

冒頭で、「文明」と「文化」の違いを説明しましたが、現代批評において「文明」という語が使われるとき、それは「近代科学文明」の意味で用いられることが多いのです。これは「科学と文学」の項でも触れますが、「近代科学文明」がヨーロッパに起こったこと、それは「普遍性」と「**再現可能性**」に価値を見出したものであります。「普遍性」をもつものは一地域の枠を飛び越えて世界的な広がりを

アイデンティティ（P.48）
象徴（P.84）
普遍性（P.20）
再現可能性（P.107）

持ちます(グローバル化)。この意味でヨーロッパに起こった「文明」は、その地の「風土」によって地域の外に出ていけない「文化」と対比されることもあります。

世界には「近代科学文明」の価値観とは異なる価値観を基礎にする「文化」もあり、その「文化」もヨーロッパの「文化」と同等に価値を持つという考えを背景にして、「近代科学文明」を問い直す評論が多くあります。「文化」と「文明」の違いはどこにあるのか、という問題は、実ははっきり区別できない大問題ですが、「文化」と「文明」を考える際に、その区別よりも、「異文化」同士の接触と「同一文化内」での「**中心**」と「**周縁**」の関係に注目できれば意外にわかり易くなる文章が多くあります。ここで述べたことは、「文化」・「文明」を考えるほんの一部の要素ですが、参考にしてみて下さい。

風土（P.150）

身体

最近、評論などで「身体」とか「身体論」という言葉をよく目にするようになりました。まずは、次の文章を読んでみてください。

……わたしの身体はわたし自身はそのごく限られた一部しか見ることができない。ということは、わたしたちにとってじぶんの身体とは、想像されたもの、つまりは〈像〉（イメージ）でしかありえないということだ。いいかえると、見るにしろ、触れるにしろ、わたしたちはじぶんの身体にかんしてはつねに部分的な経験しか可能ではないので、そういうばらばらの身体知覚は、ある想像的な「身体像」をつなぎ目としてとりまとめられることではじめて、一つのまとまった全体として了解されるのだということである。

（鷲《わし》田《だ》清一《きよかず》『悲鳴をあげる身体』）

「身体」が「イメージ」……!? 鷲田氏はなぜこのようなことを考えたのでしょうか。そもそも、なぜ、最近、「身体」が問題になってきているのでしょうか。

知覚
➡感覚などを通じて知ること。

「身体」というわたしたちにとってあまりにも身近なものが、学問で（主に哲学などの分野で）大きく問題にされるようになったのは、実は二十世紀になってからのことでした。それまで「身体」は、「精神」の従属物と見なされ、「精神」に比べて、不当といえるほど低く位置付けられていたのです。

デカルトの「物心二元論」とその影響

「身体」をこのように低く位置付けるきっかけになったのは、十七世紀のフランスの哲学者、そう、「近代」や「科学」の項でも登場した、あのデカルトが掲げた「**物心二元論**」でした。当時、哲学の体系を砂上《さじょう》の楼閣《ろうかく》にしたくないと考えていたデカルトは、あらゆるものを疑うことから始めます。そして、あらゆるものを疑っている「私」だけは、たしかに存在するということに気が付きました。疑っている（考えている）「私」という存在と、その「私」が感覚でとらえる「私」以外の存在とのリアルさの違いから、デカルトは、世界が「**精神**」と「**物質**」に分けられると考えました。これが「**物心二元論**」です（「私」とは主体であり、「私」以外のものは客体ということができるので、この「**物心二元論**」と「近代」の項に出てき

デカルト（P.104）

体系（P.56）

砂上の楼閣
➡基礎がもろくて維持できないもの。

主体（P.37）

客体（P.37）

た「主客二元論」とは同じことです）。そして、空間に場所をとらない「精神」に対して、「身体」は、空間に場所をとるというその特質から、「物質」と位置付けられたのです。さらに、デカルトは、「精神」を、人間だけがもつものとして、「物質」より高く位置付けたので、当然の結果として「身体」は、「精神」より低く位置付けられることになりました。

それでも、デカルトは、「精神」と「身体」の相互作用を無視できず、脳のなかにある松果腺で両者が結びつくとして、その二元論色を弱めましたが、このデカルトの二元論から出発したともいえる近代科学は、自然研究の驚異的な成果に目を奪われ、本来「主体」として中心に論じられるべき「精神」を次第に棚上げしていき、「身体」と切り離された「物質」ばかりに目を向けるようになりました。また、近代哲学は、「精神」より低く位置付けられた「身体」を大きな問題としては取り上げませんでした。

こうした動きの中で、「身体」は「物質」のひとつであるという考え方はますます強まり、十八世紀には、ド・ラ・メトリの「人間機械論」のように、人間の「身体」を複雑で精巧な自動機械のように見なす考え方まで登場します。人間の手が外化したものが道具であ

空間（P.16）

松果腺
➡松果体ともいう。間脳の上部にある、まつかさ状の内分泌器官のこと。

り、足が外化したものが車輪であるという、人間の「身体」が外化したものを「技術」と捉える（今では批判にさらされている）考え方も、こうした流れの中で出てきたものです。また、近代科学に基づく近代医学の分野では、病気を、ある身体組織のトラブルと考え、治療とは、手術や薬物の投与によって、そのトラブルを取り除くことであると考えるようになりました。これも、人間の「身体」をさまざまな身体組織で組み立てられた機械のようにみなす考え方であるといえるでしょう。近代医学は、身体の生理的組織や機能を心と切り離して研究する方向で進んでいくことになります。

「心身の相関性」の発見と従来の「身体観」への反省

こうした近代医学に、やがて「心身の相関性」について研究する心身医学が登場します。そのきっかけを作ったのは、精神分析学を確立した、オーストリアの精神科医・フロイトでした。「意識」による「無意識」の理解を目指していたフロイトは、神経症やヒステリーが「無意識」のコンプレックスと関係して発症することを発見しました。このことは、身体的症状が心の状態と関係していることを示しており、「心身の相関性」の存在を明らかにしたことにもなるわ

外化
↓外にあらわれた状態になること（⇔対象化）。

相関性
↓互いに切っても切れない関係にある性質。
フロイト（コラムP.103）
意識・無意識（P.45）
コンプレックス
↓心のしこり。

けです。神経症や心身症、自律神経失調症のような「心身の相関性」が強いといわれる病気は、近年ますます増加しています。

また、人間の心を置き去りにした薬物投与が、多くの薬害を生むようになりました。

一方で、環境問題の深刻化は、近代科学や、そのもととなった自然（＝物質）と人間（＝精神）を切り離して考える「二元論」に対して、その見直しを迫ることになりました。

こうした動きから、「身体」を単なる「物質」と見なす従来の「身体観」に対する不信感が高まり、哲学を中心に、新しい「身体観」を模索する動きが活発になります。はじめに立てられたのは、「身体」は本当に「物質」かという問いでした。

市川浩《いちかわひろし》氏の身体論

傾いている家の前に立つと、頭ではわかっているのに、「身体」の平衡《へいこう》感覚がおかしくなって、地面の側が坂になっているように感じてしまうことがあります。こうしたことなどから、**「身体」は、単に、皮膚の内側に閉じ込められた「物質」としての「肉（み）」ではなく、皮膚の外にまで拡がり、世界の事物と交わるものである**と考えたの

～観（P.180）

平衡感覚
➡空間における身体の位置や運動の変化を感じとる感覚。

が、哲学者・市川浩氏でした。「物心二元論」に基づく考え方に引きずられるのを嫌った市川氏は、「身体」の代わりに「身（み）」という言葉を用いています。「身」は、皮膚の下の「肉」という客体的な「身体」と、「身体」を原点として意味付けされた空間の中で、世界の事物と交わりながら社会的に生きている主体のありかとしての「身体」とをうまく統合的に表す概念として使われ、こうした市川氏の考えは、一九七〇年代以降の「身体観」に、大きな影響を与えました。

鷲田清一氏の身体論

近年身体論において最も注目されているのが、冒頭に文章を引用した鷲田清一氏です。「身体」を「からだ」と読む鷲田氏は、「身体」を自分がどのように経験するかという視点から見たとき、**「身体」は、「像（イメージ）」でしかありえない**と指摘しています。

鷲田氏のいうように、「身体」のなかで自分がじかに見たり触れたりして確認できるのは、手や足といったつねにその断片でしかなく、胃のような「身体」の内部はもちろんのこと、背中や後頭部さえじかに見ることはできません。そして自分の感情が露出してしまう顔

概念 （P.72）

断片
➡あるまとまったものの一部分。

もじかに見ることはできません。「身体」を知覚するための情報は実に乏しく、自分の「身体」の全体像は、離れてみればこう見えるであろうという想像に頼るしかないというのです。つまり、**自分の「身体」は、「像（イメージ）」でしかありえない**ことになるのです。冒頭に引用した文章にあるように、「見るにしろ、触れるにしろ、わたしたちはじぶんの身体にかんしてはつねに部分的な経験しか可能ではないので、そういうばらばらの身体知覚は、ある想像的な『身体像』をつなぎ目としてとりまとめられることではじめて、一つのまとまった全体として了解される」というわけです。そして、鷲田氏は、この「身体像」こそ「わたし」が身にまとう最初の服であり、布切れを縫製した衣服は、想像の産物ゆえもろくて壊れやすい「身体像」の輪郭を補強するために編み出されたものであると指摘しています。衣服は、「身体」の動きに伴う皮膚との接触により、「身体」の輪郭を皮膚感覚から伝えてくれるとともに、性別や性格、職業、ライフスタイルなどを目に見える形で表現することで、「身体像」の輪郭を補強してくれているのです。

こうした市川氏や鷲田氏の「身体論」からも明らかなように、二十世紀になって**「身体」は、物質的な対象としてではなく、「主体の**

自分の「身体」は、「像（イメージ）」でしかありえない
➡想像でつなぎとめるしかないバラバラな身体感覚。

ライフスタイル
➡個人や集団の生き方。

対象（P.40）

器官」として問われることになりました。そして、市川氏や鷲田氏が、こうして沈んでいた「身体」をもう一度浮かびあがらせたのは、近代思想の変化していく中でゆきづまった「物心二元論」をなんとか打破しようとしてのことであったともいえるでしょう。

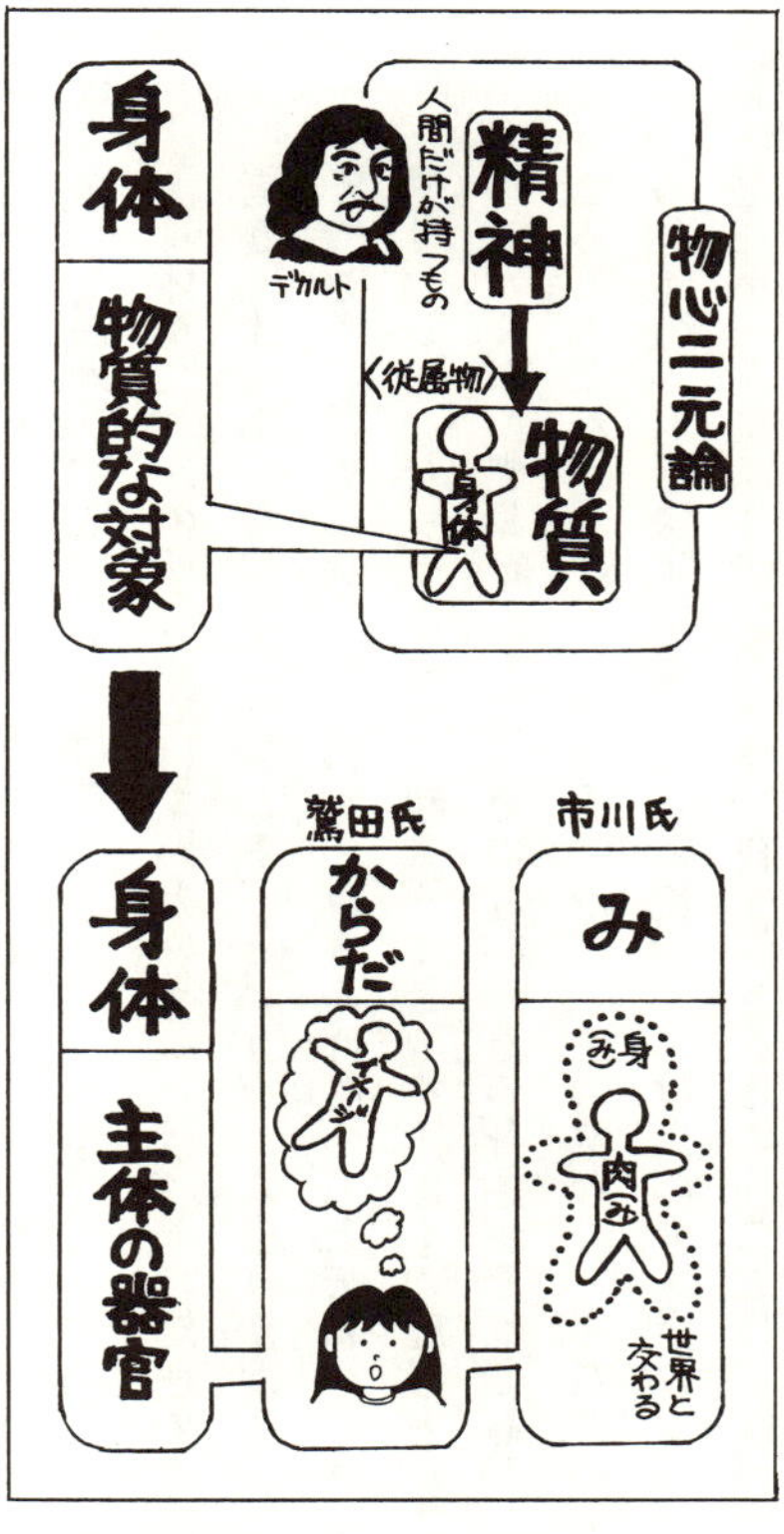

間身体性

ところで最近、「身体論」の中でよく取り上げられる問題に、「『身体』は誰のものか」という問いがあります。そんなもの自分のものに決まっているじゃないか、と君たちは思うかも知れません。おそ

主体の器官
↓主体から切り離された対象として捉えるのではなく、身体それ自体が主体として主題化されること。

らくそう思っているひとが多いからこそ、髪や肌の色を変えたり、ピアスのための穴をあけたり、ダイエットをしたり、エステに通ったりするひとが多いのではないでしょうか。あるいは、このようなひとたちは、「身体」を自分のものというより、自分を表示するための「記号」として扱っているのかもしれません。そこで、再び、鷲田氏の次の文章を読んでみてください。

身体がだれかの所有物ではないということは、その処遇の決定者が一生のあいだに何度か変わる、という点からもうかがうことができる。幼児は親ないしは別の成人の庇護《ひご》のもとで育つ。病気やけがといった、その身体に起こることとの処置はその庇護者が決める。やがて成長とともに、その身体はその身体がそれであるところの「だれ」かのものとなる。が、人生の終わりにふたたびその身体の処遇を決定する者は、家族ないしは別の介護《かいご》者になる。だれか一人のひとがその身体を終生生きるということは、ふつうありえない。ひとはじぶんで臍《へそ》の緒《お》を切ることはできないし、じぶんで棺桶《かんおけ》に入ることもできない。身体は主体の器官として生きられもするが、他者との共同生活のなかで生きられもする。

（鷲田清一『普通をだれも教えてくれない』）

記号（P.61）

庇護
↓弱者をかばって守ること。

介護者
↓介抱し、世話をする人。

　鷲田氏によれば、「身体」は、特定の誰かによって生きられ、さらにはそのひとの関係するひとたちによって生きられているものというこ とになります。そして、このように**「身体」が他の「身体」との共存や交感といった関係のなかにあること**を、フランスの哲学者・メルロ＝ポンティは**「間身体性」**と名付けています。母親が子供を寝かしつけるためにする添い寝や、家族揃《そろ》っての食事などは、この「間身体性」のよい例です。

　鷲田氏は、この「間身体性」という生きた「身体」にとって最も本質的な関係が、いま、解除されかかっていると指摘しています。例えば、医療における制度化された医療システムの確立は「身体」間の直接的な交流による治療を阻害しているといえるでしょう。また、「身体」が自分だけのものだという考え方が横行すれば、肢体や臓器を譲渡可能な私有財産のように扱わないともかぎりません。

　「身体」を持たない「自分」などありえないことからすれば、「自分」さがしがつづくかぎり、「自分」と「身体」との関係のありようも問われつづけていくことと思われます。

交感
⬇思いが通じたりして、心が感じあうこと。

関係（P. 52）

本質（P. 32）

阻害
⬇じゃまをして物事を進ませないこと。

情報

コンピュータ関係のものを中心として、最新の技術によって次から次へと新しいものが生み出されてきています。そして、それらの新しいものに対応した新しい言葉（たいていはカタカナかアルファベットの言葉）も、次から次へと登場してきています。したがって、あまり気にしすぎる必要はないのですが、いくつかの言葉だけはやはりおさえておいたほうがよいでしょう。

コミュニケーションとメディア

人間が互いに意志や感情や思考を伝達しあうことを「コミュニケーション」といいますが、人間の頭脳の中にある意志や感情や思考は、そのままでは他人に伝達することはできないものなので、「コミ

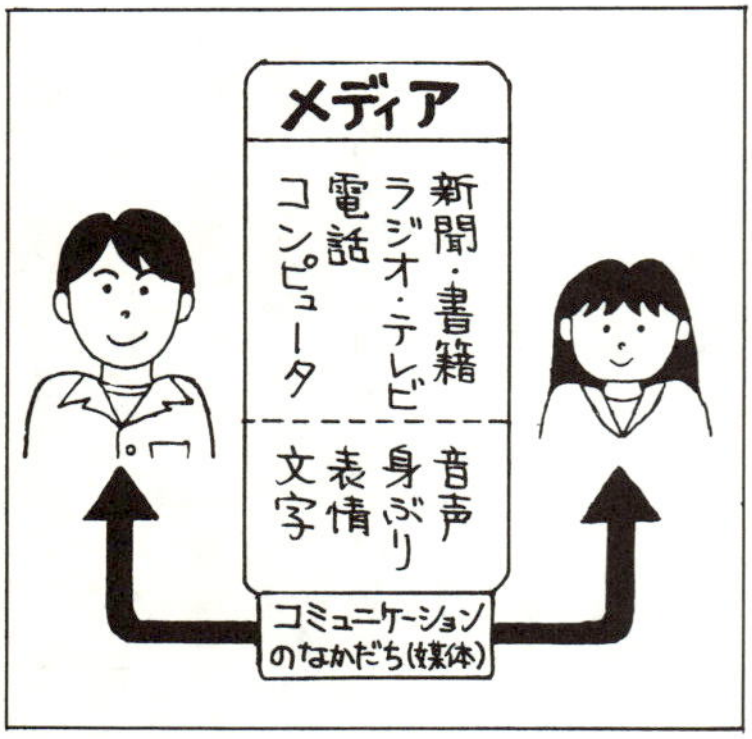

意志
→あることを進んでしたいという気持ち。

ュニケーション」が成り立つためには、必ず何らかの**媒体（なかだちをするもの）**が必要になってきます。その媒体となるものは、たとえば、音声や身ぶり、表情、文字などです。また、それらを物理的に相手のところまで運ぶなかだちとなるもの、空気や紙なども必要です。広い意味では、これらのものがすべて**「メディア」**と呼ばれるべきものです。

というわけで、「メディア」というものを素朴に、広い意味でとらえると、それは人間をとりまくあらゆる自然や社会の中にあるさまざまのものを含んでしまうもので、そういう広い意味で、「メディア」という言葉が使われることは今日でも珍しいことではありません。しかし、「メディア」というものがわざわざ問題にされるような文章の中では、より狭い意味で、新聞、書籍、ラジオ、テレビ、電話、コンピュータなどを指すことが多くなっています。

マスコミュニケーションとマスメディア

新聞やテレビなどの「メディア」が存在することによって、「コミュニケーション」は特定の個人と個人の間で成立するだけではなく、不特定多数の人々にある情報を伝達するということができるように

媒体（➡P.196）
メディア
➡もともとは「ミディアム（medium）」の複数形。「ミディアム」という言葉は、衣服のサイズで「ミディアム・サイズ（＝Mサイズ）」などと使ったり、肉の焼き具合で「レア・ミディアム・ウェルダン」などと使ったりする。いずれも「中間の（もの）」という意味である。また、神や死者の霊と人間との仲立ちをするもの（＝霊媒）という意味もある。

素朴
➡（考え方などが）単純で発達していないこと。

なっています。**この不特定多数の人々に向けて大量の情報を伝達することを「マスコミュニケーション」**と言い、「マスコミュニケーション」を成り立たせている、新聞、雑誌、ラジオ、テレビなどを「マスメディア」と言います。

ハードウェアとソフトウェア

コンピュータをはじめとする現代の新しいメディアが急速に普及する中で、今までコンピュータの専門家以外にはあまり使われていなかった言葉が一般的に使われるようになったり、今までごく普通に使われていた言葉が今までとは違った意味で使われるようになったりということがいろいろとおこってきます。

たとえば、ハードウェアとソフトウェアなどという言葉があります。もともとはコンピュータの本体を指すのが「ハードウェア」(ハード)、そして、コンピュータを利用するための技術、特にプログラム体系に関する技術を「ソフトウェア」(ソフト)と呼んでいたのですが、現在では、コンピュータに限らず、一般的に、情報要素を機能させるための機械類をハードウェア、それに対して、それらの機械類が機能するのに必要な情報要素(とそのような情報要素を記録

マスコミュニケーション
↓マスコミ。

一般的(P.21)

したモノ）をソフトウェアと呼ぶようになってきています。きわめて身近なものの中から例を挙げてみるならば、CDプレーヤーとかビデオデッキなどがハードウェアです。それに対して、CDやビデオテープがソフトウェアということです。ゲームソフトという言葉もすでにあたりまえの言葉として使われています。そのゲームソフトを機能させてゲームをするために必要なゲーム機本体がハードウェアです。

情報

コンピュータをはじめとする新しいメディアの普及にともなって意味が変わってきた言葉の中で、最も重要なものは、たぶん「情報」という言葉でしょう。

もともと「情報」という言葉は、「人がある特定の目的を抱いていて、それの実現をめざしているときに、その目的について、適切な判断を下したり、自分がとるべき行動の意志決定をしたりするために役立つ資料や知識」といった意味で使われてきた言葉です。たとえば、音楽をめぐることで例を挙げてみるならば、バッハのめったに演奏されないある曲のCDを手に入れて聴いてみたいと思ったら

CD
↓長年使われてきたレコード（アナログ・ディスク）に比べると、CDははるかに軽量・小型で扱いやすいものであるということは、よくご存知であろう。

バッハ
↓ドイツの作曲家（一六八五～一七五〇）。

（つまりこれが「特定の目的」にあたります）、そのようなCDがどのレコード会社から出ているのか、そして、定価はいくらか、などということを知りたいわけです。これらが普通の意味での「情報」です。某《なにがし》という人のコンサートをぜひ聴いてみたいと思ったら、まず、いつどこでその人のコンサートが開かれるかを知らなければばいけない。今、一番ヒットしている曲を聴きたいと思ったら、ともかくそれがどういう曲であるのか知らなければいけない。だれだれのコンサートはいつどこであるという知識を与えてくれるもの、今一番ヒットしているのはこの曲であるという知識を与えてくれるもの、それが、今まで普通に使われてきた「情報」という言葉の意味でした。

従来「情報」という言葉は以上のような意味に使われてきたのですが、新しいメディアが広まってきた今日では、もっとはるかに広い意味で使われるようになってきています。現在では、「音楽」そのもの、また、コンサートを記録したビデオの場合には、その音声そのもの、映像そのものを指して、「情報」とよぶようになってきています。

つまり、**メディアを通してやりとりされる、あらゆる言葉や音声**

某
➡人物の名前などをぼかして言うときやはっきりわからないときに用いる語。

や映像などが「情報」といわれることになっているわけです。

　夏目漱石の『それから』という作品が、いつ執筆されたものであるかとか、どの出版社から出ているかとか、現在の定価はいくらであるか、などということはいうまでもなく「情報」なのですが、『それから』という作品そのもの、つまり作品の本文もまた「情報」である、ということになってきているのです。

デジタル・テクノロジー

　コンピュータをはじめとする現代の新しいメディアを通してやりとりされるあらゆる音声や映像、文字などが、「情報」として同じようにとらえられるようになったのはなぜか、というと、これは、現代のメディアの基本にあるデジタル・テクノロジーにそのもとはあるのです。どのような映像も、どのような音声も、デジタル化されることで、高速で伝達されるようになったし、また、劣化の心配をすることもなく、保存したりコピーしたりということができるようになったのです。

　要するに、現代のメディアを通して、同じ一つの原理でやりとりされているものだから、同じ「情報」という言葉で呼ばれるように

テクノロジー
➡技術。
デジタル化
➡情報を0と1の数字配列で処理し、コンピューターで使える形にすること。
劣化
➡「情報」の質が悪くなること。

なったというわけです。

ＩＴとＩＴ革命

最近非常によく使われている言葉に「ＩＴ」というものがあります。これは「情報技術（Information Technology）」の頭文字で、もともとあまり具体的な内容をもった言葉ではないので、かなりあいまいに使われているようです。そのあいまいに使われている中から共通なものをまとめてみると、「さまざまな『情報』（これは、先に説明した意味での『情報』です）を、新しくできてきたメディアを使ってやりとりする『技術』や、そういう『技術』を活用するための機器」というところでしょう。

「ＩＴ革命」という言葉もよく見聞きしますが、ここ数年の、コンピュータを中心としたメディアの変化、また、それによる社会や人間の変化を、非常に大きいものであると考える人たちが声高《こわだか》にさけんでいる言葉なので、特に具体的に何を指しているというわけでもない言葉です。

バーチャル・リアリティ

ＩＴ革命
➡情報技術の進歩による、社会構造・生活等の大変革。

声高
➡声が大きいようす。

コンピュータ技術を駆使して、現実には存在していない空間を出現させ、その中に置かれた人間に、あたかもその空間にいるかのような**擬似体験**をさせようとするものを「バーチャル・リアリティ」と呼んでいます。宇宙体験やレーシング体験などの娯楽的な方面だけではなく、医療分野などへの応用も期待されているものです。

インターネットとグローバル化

「ネットワーク」という言葉は、コンピュータが普及する以前からあった言葉で、網の目のように広がっている組織をさすものでした。テレビやラジオで、同一番組を同時に放送するために系列化された放送組織をあらわす言葉として、ごく普通に使われているものです。そして、世界中の数億台のコンピュータが、同じ原理でつながっていることでできあがっているネットワークが「インターネット」です。このインターネットによって、世界中のコンピュータがいつでもつながっていて、双方向の自由なコミュニケーションができるようになりました。そして、現代のデジタル・テクノロジーによって、あらゆる文字、音声、映像などがデジタル化され、情報として、メディアを通して高速でやりとりできるようになっているの

擬似体験

➡「擬似（疑似）」という言葉は、「本物とよく似ていて見分けがつかないこと」という意味で「擬似——」と使う。

ですから、インターネットによって、世界中の人々が、情報を自由にやりとりすることが可能になったのです。

この数年で急激にひろまったインターネットは、職場や教育の場だけではなく家庭にも浸透し、人々の仕事や遊び、勉強、買い物などからはじまって、政治参加などまでも、コミュニケーションのあり方や問題意識のあり方を変えつつあると言ってもいいでしょう。既存のマスメディアを通すことなく、個人や団体が自由に世界に向かって情報を発信していくことが可能になったのです。問題意識のもち方が、また、いろいろな活動が、**地球規模のものになっていく**、つまり、**グローバル化**していく可能性が出てきたのです。

コンピュータ・リテラシーとメディア・リテラシー

「リテラシー」とは読み書き能力のことで、「コンピュータ・リテラシー」というのは、コンピュータに関する知識を持っていて、それを使いこなす能力があるということを表す言葉です。どちらかというと、この言葉は、機器の操作能力を中心にして使われる言葉ですが、それに対して、「メディア・リテラシー」という言葉は、多様な形態のメディアにアクセスして、どのように各メディアが機能し

既存
↓すでに出来あがって存在していること。

アクセス
↓各種メディアに、接近、接触して、利用すること。

ているかを考え、情報を批判的、主体的に読み解くとともに、メディアを使って表現する能力を指す言葉です。

このような「メディア・リテラシー」をどうやって身につけていくのか、どのようにして教育していくのか、ということはたいへん大きなそして困難な課題ですが、「ＩＴ革命」と言われていることを、ただの空騒ぎではなく本当に革命的なことにするためには、最も重要なことでしょう。

批判的
⬇ものごとをそのまま受け入れるのではなく、良いところ、悪いところを冷静に見きわめようとするようす。

主体的（P.37）

第二章　重要語Ⅰ（32語）

このあたりが差をつける

この章では評論文に出てくる、文章のニュアンスを決定する言葉を取り上げました。

第一章で基礎的な体力をつけた君がこの章でさらに磨きをかけたならば、また、第二章で知的なバックグランドを持った君が第三章で細部に心を配ることができるようになれば、より力強い読みを獲得できると確信しています。

共同体

血縁、地縁、愛情などによって結びついている人間の集団

「共同体」という言葉は、主に次の二つの意味で使われます。

①歴史的な概念（P.72）として使われる場合。

近代の私的所有社会（資本主義的生産による社会）以前に存在したとされる、一定の土地を共同で所有することにもとづく、**閉鎖的で自給自足的な地域社会**のことです。

②一般的な概念として使われる場合。

ある特定の目的や利益を追求していくという態度からではなく、**血縁や地縁といった本人にとっては選択できないものによって結びつき、連帯している、家族や村落などのような社会の中の基礎的な集団**をいいます。「共同社会」「ゲマインシャフト」ともいいます。共同体の支配が根強かった時代には、その共同体に属する人々は共同体内における規範や因習などによって他律的（P.165）な行動や判断をすることが多かったのですが、近代以降、共同体が解体するにつれ、人々は個人として自律的（P.165）に行動したり判断したりすることを要求されるようになりました。

この②の意味で用いられる場合の対義語に「利益社会」「ゲゼルシャフト」というものがあります。その集団に属する人々それぞれがなんらかの利益を得るために結成されている集団のことです。会社などがこれにあたります。

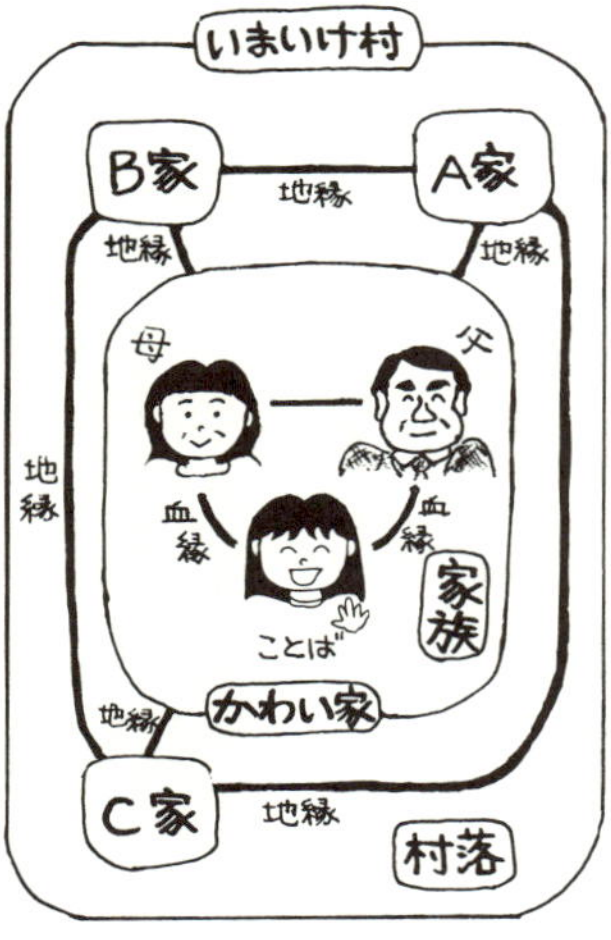

世間（せけん）

世の中・世の中の人々

世間とは、普通、世の中とか、世の中の人々、という意味で使われています。また、この語を使った慣用表現も多くあります。少し挙げてみましょう。

・**「世間が広い」**……人づきあいの範囲が広い。世間に関する知識が豊かだ。
・**「世間が狭い」**……肩身が狭い。
・**「世間を狭くする」**……(信用を失うなどして)交際の範囲を狭める。
・**「世間に出る」**……自立して世の中に出る。

似た言葉に「社会」という語がありますが、これと「世間」とは似ているようで違いがあります。右の慣用表現の「世間」をすべて「社会」に置き換えてみて下さい。たとえば「社会が広い」では、人と人とのつながりがそこに感じられなくなりませんか。

「社会」という語は、一般に「個人」の集合体で、社会は個人の行動や自由を制限する面がある反面、その中の個人は市民として自律性（P.165）を有しています。

ところが「世間」というのは、**あらかじめ何かつながりのある（縁のある）人どうしのまとまり**で、極端な言い方をすれば「顔見知り」の集まりというニュアンスを含みます。

「世間体(せけんてい)」という語がありますが、これは「世の中の人々に対する体面」、つまり、「みえ」のようなものです。世の中の体面を気にしなければならない集団とは、前近代の共同体のような側面を持ちます。共同体の成員は共同体に埋没し、共同体の規範（ルール）の中で生きていきますが、「世間」とは、そのような存在が他者とのつながり（縁）を感じながら集まっている状態です。

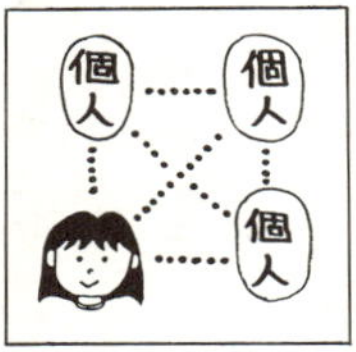

社会

世間

風土

土地柄、気候、環境

もとは「風」という字が示すように、風が吹いて土の上に（「風」の字の中にある）虫が生まれることの意味から、「気候・土地柄・環境」の意味、つまり、**「気候、環境」が「風土」として人間の有り様《よう》や、さらには「文化」に影響するということ**です。

和辻哲郎の有名な著作に『風土』があります。その中で和辻は、〈牧場的風土〉のヨーロッパ、〈砂漠的風土〉のオリエント、〈開拓者的風土〉のアメリカ、〈モンスーン（季節風）的風土〉の日本と風土を分けて、〈ヨーロッパ対日本〉こそが世界の文化の基本軸になると考えました。

これは、今から考えれば二点で問題があります。その一つは、〈モンスーン的風土〉は、日本だけでなく極東アジア一帯ではないか、という点。もう一点は、このような図式的な分離は、一つの試案としては面白くても、面白すぎ、学問的とは言えないのではないか、という点です。〈モンスーン（季節風）〉は、確かに日本人や日本文化に多大な影響をもたらしましたが、和辻が、植民地化できぬ地域として、日本をアジアから切り離したかった程度に、鮮明に、日本文化だけを特殊とすることが、本当に出来るか、という当然の疑問が頭をもたげてきます。

しかし、今でも、「ヨーロッパと日本の文化比較」ということとなれば、必ず、下じきにされるのは、この和辻の『風土』であるようです。

<モンスーン>
冬
夏
私にもモンスーンが影響してる？

エコロジー

生態学、生物とそれを取り巻く環境との関係を研究する学問

二十世紀は、商品を大量に作り、大量に消費し、ゴミや排気ガスを大量にまきちらした世紀でした。資源は無尽蔵《むじんぞう》（いくらでもある）と考えられていたし、自然は、どのように破壊し、よごしても、自分で元に回復し、きれいになるものと考えられていました。

しかし、それがまったくの幻想であることがわかったのは、七〇年代の「公害」の登場であり、八〇〜九〇年代の「環境破壊・ゴミ問題」などでした。そこで指摘されたのは、環境や自然には限界があり、一度破壊されれば、非常に長い年月をかけねば、一定の回復さえあり得ないこと、そして、その環境破壊の中では、人間もやはり生存できないという事実でした。

つまり、二十一世紀では、「エコロジー」的な発想を取り入れた、「自然・環境との共生」があらゆる物事の中心にすえられなければならない、ということが、二十世紀を通して、大多数の人々の共通の理解となったのです。

関連する語

【リサイクル】〈消費→廃棄〉ではなく、全ての物を、再度、使用する循環に乗せること。

【循環型社会】リサイクル発想や自然との共生に基づいた、物が循環する社会。

【製造者責任】製造物の全ては、最後にゴミになるまで、製造者に責任があるという考え。

【エコ・カー】環境に配慮した、電気などで動く、炭酸ガスの排出量が少ない車。

【ダイオキシン】物を燃やすときに出る塩素系の物質で、特に低温焼却によって多発する猛毒。人間に遺伝的な病弊をもたらすので問題化。

パラサイト

寄生すること

「寄生」とは、「**他（寄生宿主）**」**に依拠して生きること**」などと辞典などに書かれています。もちろん元来《がんらい》は、生物学的な言葉であり、ある種の生物が、自分自身が直接に栄養などを確保したりせず、寄生している生物（宿主）から〝横取り〟する形で生きて行くことでした。

しかし、文明や文化が爛熟《らんじゅく》（熟し過ぎ）し、しかも子供が少なくなった現代日本では、経済的な余裕の中で、子供が「一人前」の大人として自立・「親離れ」して新しい家庭を作って行くことを回避し、何歳になっても、親と共に暮し、親に面倒を見てもらう状況が現れました。このように、経済的に親に依存する一方で、自分の生活を謳歌《おうか》する独身者を「パラサイト・シングル」といいます。

大学を出て会社に勤めて三十才を越したが、親の家に住み、ご飯の世話・掃除・洗濯も親にしてもらい、家には一銭も金を入れず、いわゆる「独身貴族」を楽しんでいるというわけです。

本人に聞けば、「豊かさ」を味わいたいが、「自立と苦労」が苦手だ、と答えるかもしれませんが、ある意味では「子供」のいいところ（＝親に面倒をみてもらい、つらい部分、嫌な部分は、親の責任とする）と、「大人」のいいところ（＝自分で、それなりに勝手に生きられる）を少しずつ取って、その折衷《せっちゅう》の中で生きて行く「ニュー・リッチ」な階層なのです。

この背後には、まちがいなく少子化（子供が少ないから、親も面倒が見られる）、あるいは結婚観の変化（別に結婚しなくてもよい）、経済的余裕（親の）などがあります。そしてパラサイト・シングルの数は、日本国内で一〇〇〇万人とも言われます。

コラム

(2)「相対化」こそ大学入試のキー

大学の入試問題の選択肢で、次のようなものは誤りであることがほぼ確実。「日本人は、すべて米を食べる」。逆に「その文化を相対化し…」とか「両者の比較によって」などという場合は、ほぼ正解です。なぜでしょうか。

また、口頭試問での「なぜフランス語を勉強するのですか」という問に対しての正解は、「日本語・日本文化を絶対化せず、フランス語・フランス文化と比べて、その良い所・悪い所をつかみたいから」です。なぜでしょうか。

実は、ヨーロッパで大学教育が開始されるに当っての故事に拠《よ》っているのです。キリスト教と哲学が中心となって成立したヨーロッパの大学は、その宗教の唯一・絶対性から脱出し、科学的な研究体制を作り出すことによって、確立していった歴史があるわけです。当然にもその時の精神的なスローガンは「唯一絶対」に対する「相対化」であり、その学問の方法は「比較」であったことは言うまでもありません。しかし、この「相対化」「比較」が「錬金術」等から生み出されたことは、皮肉も含めて面白いことですが。

それにしても、先の二つの問に対しての答は、もはや明らかでしょう。大学が好まない精神が、オウム教団のような「絶対性」であり、それこそが、科学的精神や「相対化」する理性的エネルギーを削《そ》ぐものと大学関係者が考えているから、なのです。

周縁

中心からはずれたところ

「**周縁**」とは、文字どおり「まわり、あるいはふち」を意味しますが、「**中心**」が存在しなければ、すべてが均質ということになって、「**周縁**」は存在しないことになりますから、この言葉は**常に「中心」の存在を前提にして、その「中心」の内容を意識しながら、「中心」から外れたものを表す**のに使われる言葉だということができます。

文章中にもし「**周縁**」や「**中心**」という言葉が出てきたときには、「**周縁**」や「**中心**」という言葉自体にはたいした意味はないわけですから、どのようなことが「**周縁**」や「**中心**」にあたるのかを読み取りながら、それらを対比していく必要があります。

例えば、この章にとりあげた「西洋」(P.156)には、「**中心**」を持たない構造はないという考え方が常にあり、「世界」の「**中心**」に「神」を据《す》えたり、「人間」を据えたりしました。そしてその都度それ以外のものが「**周縁**」に追いやられ、被支配的に抑圧されました。

「**周縁**」とされるものには、「**中心**」から外れているがゆえに抑圧を受けてきたり、あるいは今も抑圧を受けているものが目に付きます。「都会」に対する「地方」がそうですし、同じ人間のなかでも、女性、労働者階級、少数民族などが「**周縁**」に位置付けられ、不当な抑圧を受けてきました。

一方で、「**中心**」の目が行き届きにくい「**周縁**」には、「文化と文明」の項でも触れたように、異端とされるもの、非日常的だとされるものが生まれやすく、それらが「**中心**」に侵入したり、脅《おびや》かしたりすることで、逆に「**中心**」に刺激を与え、活性化することもあります。「下位文化(サブカルチャー)」(P.188)がよい例です。「下位文化」は支配的な強者である主流文化に対して、弱者の抵抗表現を核にして存続しようとします。この抵抗表現が、主流文化に刺激を与え、活性化を促すのです。

共時

同じ時間だけでみること

「**共時**」とは、「時間的に、あるいは歴史的に変化する側面を、考える対象からはずして捨象し(P.25)、物事を、**ある特定の同じ時間の中だけでとらえようとすること**」を意味し、多くの場合、「共時的」という形で用いられます。これに対して「時間的に、あるいは歴史的に変化する様子を観察することで、物事をとらえようとすること」を、「**通時**」といいます。「通時」も、多くの場合、「通時的」という形で用いられます。どちらもスイスの言語学者・ソシュールによって用いられた言葉で、使われた歴史がまだ浅く、辞書によってはまだ載っていないものもあります。

ソシュールが登場するまで、言語研究は、言語の「起源、発達、変化」について考える「通時的」研究に限られていて、ソシュールが、ある特定の時間における言語の状態を考える「共時的」研究を始めたことは画期的なことでした。現在は、さまざまな研究分野で「共時的」研究が導入され、「通時的」研究と互いに相補うものとして行なわれているほか、「共時的」、「通時的」という言葉は、物事の見方を表す言葉として、評論をはじめ幅広い分野で使われるようになっています。

しかし、「共時的」な見方が広まる一方で、例えば、頻発する地域紛争を、「歴史的背景」も押さえずに論評する姿勢も一部に見られ、「通時的な」見方がおろそかになりつつあるのも事実です。

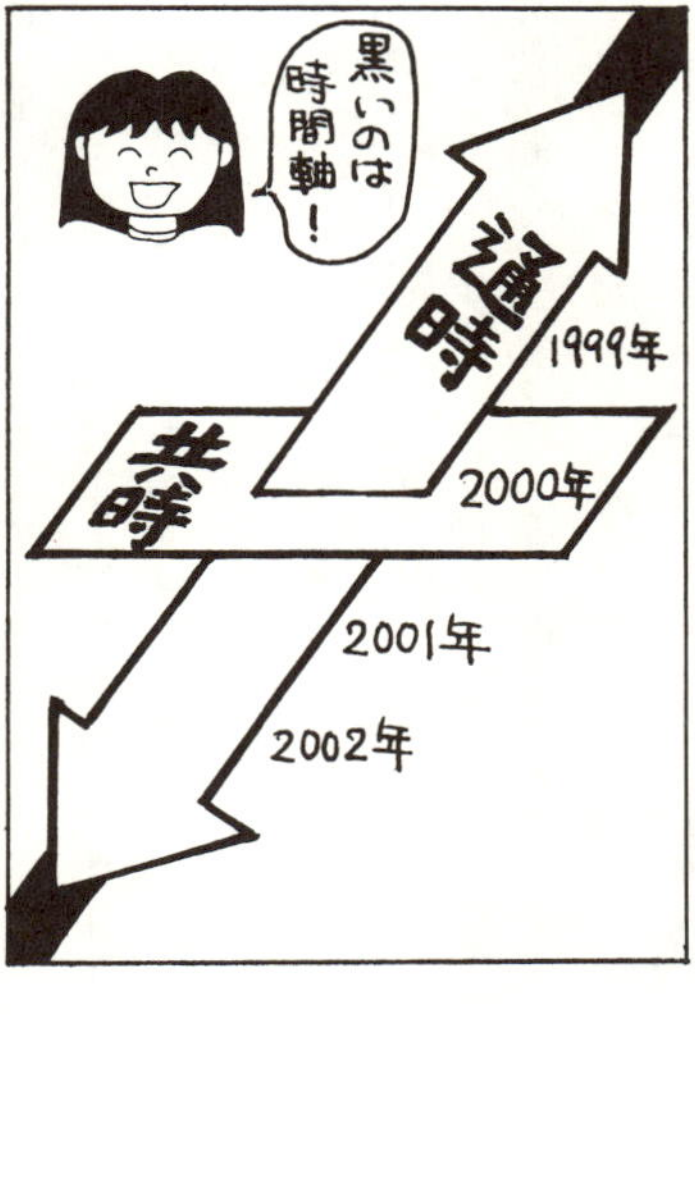

西洋

近代化のモデル

地理の授業の中で「西洋」といったら、当然、フランスやイギリス、ドイツ、アメリカなどの欧米諸国を意味します。それでは、例えば「開国以後、日本は、西洋を唯一の尺度として変革をすすめてきたといっても過言ではない」という文があったとき、この文の中の「西洋」も同じ意味なのでしょうか。

——答えはNO!です。「日本」が「西洋」を「唯一の尺度」にしたということですが、では、フランスやイギリス、ドイツ、アメリカなどが同じ一つの尺度で統一されていたかというと、そうではありませんでした。戦前の国家体制を考えただけでもわかりますが、例えば、ドイツは国家主義的であったし、アメリカは自由主義的でした。

一方、日本側が変革のモデルにしたのも、立憲君主制がプロシヤ(のちのドイツ)、教育令がアメリカ、警察機構がフランスなどというように、一国に限定されていませんでした。

つまり、近代日本に関して使われる「西洋」とは、実際の国や地域を指す言葉ではなく、分野ごとのモデルが複合してできた「**近代化のモデル**」を指す言葉なのです。そして「西洋化」は、「歴史の進歩」を意味する言葉としても使われていました。しかし、実際の日本の「近代化」は、制度や設備の面にとどまって、精神面は以前のままだったので、もし評論に「西洋化」という言葉が出てきたとしても、それは、制度や設備の「近代化」や、「産業化」「都市化」を意味していることが多いのです。

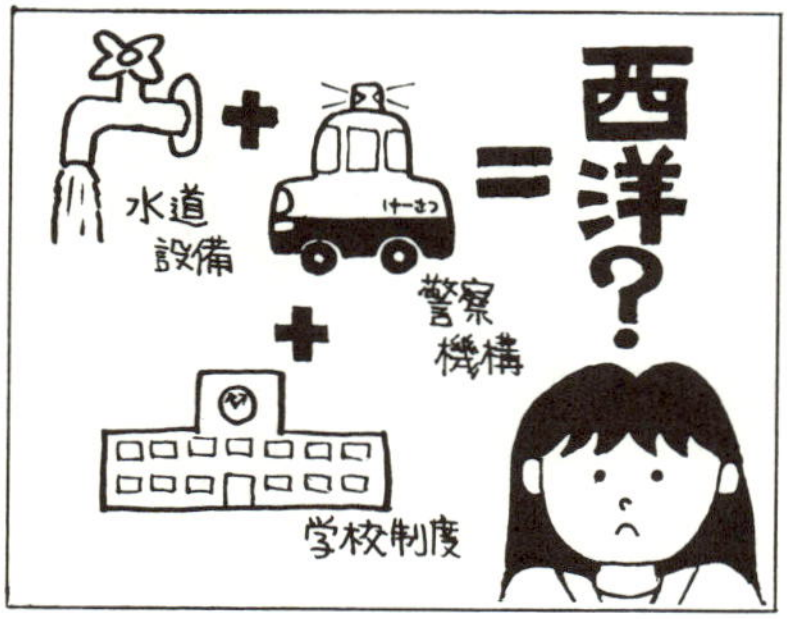

小説のことば２

⑤ **次の文の空欄に入るのはどれ？**

失恋したCさんは、夜の街を□なくさまよい続けた。

ア　如才《じょさい》　　イ　あてども

ウ　屈託《くったく》　　エ　いくばくも

⑥ **「泣く」という語の上につけることができるのはどれ？**

ア　さめざめと　　イ　眉《まゆ》をひそめて

ウ　余念《よねん》なく　　エ　躍起《やっき》になって

⑦ **「爪に火を点《とも》す」ような、ひどくけちな生活をしている人のことを表す言葉はどれ？**

ア　吝嗇家《りんしょくか》　　イ　青二才《あおにさい》

ウ　不世出《ふせいしゅつ》の人　　エ　依怙地《いこじ》な奴《やつ》

⑧ **――線部の語の使い方が誤っているのはどれ？**

ア　私は彼の墓前に花を手向《たむ》けた。

イ　その問題は、瞠目《どうもく》するに値《あたい》するものがある。

ウ　私の心は、その人への憎しみだけがないまぜになった状態であった。

エ　A球団は、B球団など歯牙《しが》にもかけない勢いであった。

《解答は203ページ》

超越者

人間を超えた者、神

ここでの「超越」が、人間を超えるという意味であることがわかれば、**「超越者」は「神」の別名**であることがわかるでしょう。

人間はあらゆる点で有限です。生命そのものが有限であり、その能力やその活動の幅や範囲において、また、その倫理（道徳）性において。

それだから、常に正しい者、常に誤っている者はおらず、絶対的ではあり得ません。つまり、相対的存在でしかないわけです。

それに対して人間を超越した（越えた）存在たる「神」は、永続で、不変で、不動で、普遍（いつでも、どこでも成立すること）なものとして設定される。

しかし、フランスの哲学者パスカルの「人間は考える葦《あし》である」という有名な文句を思いだすまでもなく、人間は、自然の一息の前にも左右する弱い一本の葦（川原にはえる草）でしかありませんが、人間は自分自身が「葦」でしかないことを知っており、しかも、自分を超えるはるかなもの、永遠なるものが存在するかもしれないことも知っているがゆえに、「人間は天使でもある」といえることになります。

結局、「超越者」という考え方は、極めて弱い存在である人間が、考えだした、巧妙な概念＝〈言葉〉でもあったわけです。

関連する語

【唯一者】 他に比べる者のない者、絶対者、神。

【絶対者】 神。（P.29）

【創造主】 創り主、神。

【被造物】 創造主（神）の創造したすべてのモノ・物。森羅万象《しんらばんしょう》。万物《ばんぶつ》。

神話

神々の物語

「神話」は世界中のどの文化においても見られるものです。神々の世のできごとを物語として伝えたものです。ストーリーを追っていくだけでもおもしろいものですが、そのストーリーは、太古に起こったとされるできごとを伝えながら、世界や人間がいつ、どのようにして生まれたか、ということや、各地各時代に存在する制度や習慣がなぜできあがったのか、などを民衆にわかるように伝えているものです。したがって神話には、その神話を生み出した社会の世界観がまとめられている、と考えられます。

科学が起こるずっと以前、この世界で起こる現象の中には、人間の体験や理解を越えて、ただただ不可思議としか思えないことが多くありました。それらを目のあたりにした人間は、それを何とかわかろうとしたのです。そこで、神話が登場することになります。つまり、**自分達が不思議だと思うことに対する納得できる回答**として、神話の形で物語を創ったのです。

神話は、超自然的な存在である神や、文化的な英雄の活躍を通して、社会の価値観や規範（ルール）を支えるものでもありました。

しかし、科学が発達したことで、この神話は、根拠のないものと考えられるようになり、科学によってその存在は稀薄なものになっていきました。

以上のような観点から、神話という語は次のような意味で用いられます。

①太古の歴史を語った神々の物語。
②根拠もないのに人々に広く信じられていること（迷信もこれを同じように用います）。

主神ゼウス
オリンポスの神々…
『ギリシア神話』読んだ？

彼岸（ひがん）―此岸（しがん）

「あっち」と「こっち」

「彼岸」という語を訓読すると、「彼の岸（かのきし）」となり、「川の向う岸」の意味、それに対して「此岸」は「川のこちらの岸」という意味になります。

仏教では、「彼岸」というのは、生死の川を渡ってたどり着く向こう側の岸。理想の世界、悟りの世界のことで、「あの世」とも言います。これに対して「此岸」とは、その生死の川のこちら側の岸。つまり、「この世」という意味です。仏教でいう「この世」は「あの世」へ行くための仮の世、仮の宿、人間の生きる現世のことです。現世はあれこれと迷いの多いところとして考えられていました。

現代評論の中では、異文化同士を比較したり異なる意思を対立させながら論じていく文章が多いですが、その中で、例えば、西洋と日本を比較して、西洋を「彼岸」、日本を「此岸」と表現する場合もあります。

評論の中で、この語が出てきたら、とりあえず、「**彼岸＝あっちの世界**」、「**此岸＝こっちの世界**」と考え、本文の内容に即して「あっち」と「こっち」を具体的に考えてみるのがよいでしょう。

コラム

(3)「絶対」の相対化

受験生の中には、予備校の授業や受験参考書などで、「現代文は『対立構造』などを把握して答えを作る」というテクニックならぬテクニックを学び知っている人もあるでしょう。そして、そうした構造に記号を付けたり、マーカーで色を塗ったりしている人もいるでしょう。確かに、それでできる問題もあるし、読める文章もあります。しかし、もし、そんなことだけで全ての文章が読めるならば、文章の意味は無意味化して、記号にとって替るはずでないですか。

「…一人一人の『主観』が重なりあって、その時代特有の雰囲気、つまり時代の、いわば『客観的』な精神とでも言うものを作り上げているのであった」

ここでは、「主観」と「客観」は、重なり合っています。また、「永遠のいま」・「絶対矛盾の自己同一」（西田幾多郎）なども、そうしたものでしょう。

閑話休題。A・B・C・Dの四人の宗教者が、それぞれ異る宗教a・b・c・dを信じています。当然にも熱狂的な信者です。それぞれにとって、それぞれの宗教は、「唯一・絶対」です。しかし、その四人が宗教の問題でテレビ討論をするために一堂に会したらどうでしょうか。その討論の見物人である私たちは、一番熱狂的なのはAであり、Cはそれほどでもなく、などと「相対化」や「比較」が可能です。つまり、「絶対的な人の相対化」です。見ている無神論者Mが、「結局、絶対のものはない」と言い、強くそれを主張するようになれば何と、「相対主義的なMの意見」が「絶対化」されたこととなるのです。

ジレンマ

板ばさみ

「ジレンマ」は「ディレンマ」と表記されることもありますが、**「ふたつの事柄の間で、どちらとも決めかねて板ばさみになっている状態」**を意味する言葉として使われています。

「ジレンマ」は、例えば、次のように使われます。

「幕末の志士たちの中には、西洋化するべきか、江戸の体制を維持するべきかで、ジレンマに陥っている者も少なくなかった」

この例文には、「西洋化すれば江戸のよき伝統まで失われるかもしれない、しかし、江戸の体制にしがみついていれば西洋に遅れをとってしまう」という志士たちの思いが見え隠れします。このように「ジレンマ」は、**どちらに決めても結果がほぼ同等の望ましくない何かを含んでいそうな時に感じるもの**だということができます。それゆえ、苦しみやつらさといった文脈の中で多く用いられることになります（当然、その望ましくない何かにあたるのが一体何であるのかは、文章を読みながら考える必要があります）。

シェイクスピアの『ハムレット』というハムレットの中に、「To be or not to be」というハムレットの有名な科白《せりふ》があります。「生か、死か」（福田恆存）、「生きてとどまるか、消えてなくなるか」（松岡和子）など、さまざまな日本語訳が存在するこの言葉は、生を選ぶことも、死を選ぶこともできずに「ジレンマ」に陥っているハムレットの心境をよく表しています。

この「ジレンマ」は、もともとは「両刀論法」という意味で用いられた言葉でした。「両刀論法」というのは、「AとBの二つの道しか考えられないとき、もしAならば、Cとなる。もしBならば、Cとなる。結局AとBのいずれをとってもCとなる」というような考え方のことです。今でも「ジレンマ」がこちらの意味で使われている文章に出会うことがあります。

アンビヴァレンス

同一の対象に対して正反対の感情を同時に抱いていること

ある一つの対象に対して、愛と憎しみとか、尊敬と軽蔑とかのような**相反する感情**や、そのような感情にもとづく欲求が、同時に同一人物の心に存在することを「アンビヴァレンス（ambivalence)」といいます。英語やフランス語では「アンビヴァレンス」ですが、ドイツ語では「アンビヴァレンツ(ambivalenz)」というので、こちらを好んで使う人もいますが、同じです。日本語では、「両面価値」とか「両価性」「両面性」などといいます。またこの語の形容詞が「アンビヴァレント」なので、「アンビヴァレントな～」という形でもよく使われます。

例えば、「親友に彼氏を取られたAさんはこれから先、その親友に対してアンビヴァレントな感情を抱きつづけることになるだろう」などというように使います。

もともと精神分析学などで使われていたこの言葉は、今では広い分野で使われるようになり、例えば文学では、一人の登場人物が矛盾（P.168）するような性格を備えている場合に、それを指す言葉として使われています。また、「生と死のアンビヴァレンス」のように、「**対立するものが同時に存在する**」というような意味でも使われるようになってきています。

アンビヴァレントな心境
にくたらしいんだけど、どこかでかわいいとも思っちゃっているのよね。あのネコ…。
ベーッ

楽観―悲観

もの・ことを、楽しく見るか、悲しく見るか

ある詩人が、中原中也という詩人のことを書いた文章に、おおよそ次のような内容のものがありました。

《……中也は、すべてを悲しみの色に染めた……》

ここで言われていることを僕流に言いなおしてみます。……もしここにリンゴが一個あったとする。僕らは「あ、リンゴ」とか、「青森産か、長野産か」とか、「誰が置いたのかな」というような思いに取りつかれるが、中原中也は、そのリンゴにまつわる物語を自分で作る。そのリンゴをめぐる男女の感情のもつれ、くり広げられる人間の悲劇、そして、赦《ゆる》されはしない二人の若者の死への旅立ち、歌われた歌は、悲しみのメロディーをおびて、周辺の山々に響く……。

中也にとっては、このように、すべての《もの・こと》は悲しみ色でおおわれます。つまり、あらゆることがらを、自分の現在や将来において**否定的（マイナス）に作用するものとしてとらえ、物語化してしまう**、そのような傾向を指して「**悲観的**」であるというわけです。

それに対して、あらゆることがらを**肯定的（プラス）にとらえる**傾向は「**楽観的**」です。

また、それぞれの立場に立った考え方を「**悲観主義**」（ペシミズム）、「**楽観主義**」（**オプティミズム**）といいます。

自律―他律

自分の意志で決めるか規則などに従うか

「**自律**」とは「自分で自分を律すること」です。言い換えれば、**他の何ものにも強制されることなく、まず、自分で守るべき行動や考えの基準をもち、それに従って、誰からも強制されずに、自分で決めたきまりにふさわしい行動をすること**です。

似た言葉に「自立」というのがありますが、こちらは、他人からの援助を受けることなく、自分一人だけで生活をしたりものごとの判断をしたりすることをいいます。

自律……他に強制されることなく、自分で決めた決まりに従って、自分でふさわしい行動を決定すること。
自立……他人の援助を受けることなく、ひとり立ちすること。

「**他律**」とは、**自分自身の意志によるのではなく、他からの命令や、強制や、ひとの決めた規則などに従って行動すること**です。

たとえば、信号機が青のときは進んでもよく、赤の時は進んではいけませんが、これはそういう社会の規則があるから、みんなが守ります。この状態は他律的な状態です。赤信号で止まっていた車が、青信号で一勢に飛び出していく光景はよく見ますね。横断歩道に人がいても、そんなことおかまいなしの状態です。これに対して、信号がなくても、交差点で一時停止をし、安全を確認する人もいます。強制によることなく、自分で行動のきまりを設け、それに従って自分自身で判断し、自分の行為を律するのです。これはまさしく「自律的」な状態といえます。

分析ー総合

分けて調べることと再びまとめること

複雑な現象（表面的な現れ）や事物や概念（言葉）を、それを構成しているいくつかの単純な部分、要素、条件などに分解して還元（P.196）し、その性格や構造を明らかにすることを「分析」といいます。物質を化学的な操作によって実際にいくつかの成分に分離する場合にも、また、「情勢を分析する」というように、ここでは「情勢」という、実体のないことがらを、考えの中で分解するような場合にも使う言葉です。

「総合」という言葉は、**「分析」の対義語として使われる場合**には、いったん分析した結果からなんらかの形でもう一度、もとの現象や事物を**再構成すること**をさします。また、この「総合」という言葉は、「分析」とは関係なく、はじめから個々ばらばらの状態にあるものを一つにまとめあげること、という意味でも使います。

分かりやすくするために、「リンゴ」を使って説明してみましょう。一つの「リンゴ」があったとします。その「リンゴ」について、形はどうだとか、色はどうだとか、大きさはどうだとか、味はどうだとかについて、一つ一つ調べていく、これが「分析」です。「リンゴ」について、形・色・大きさ・味という要素に分けて、調べるわけです。一方、「リンゴ」の全体像を知ろうとするとき、「分析」した結果を今度は一つにまとめてみるわけです。これが「総合」です。

この「分析」と「総合」は、次頁の「因果律」とともに、「科学」に使われている考え方の基本となるものです。

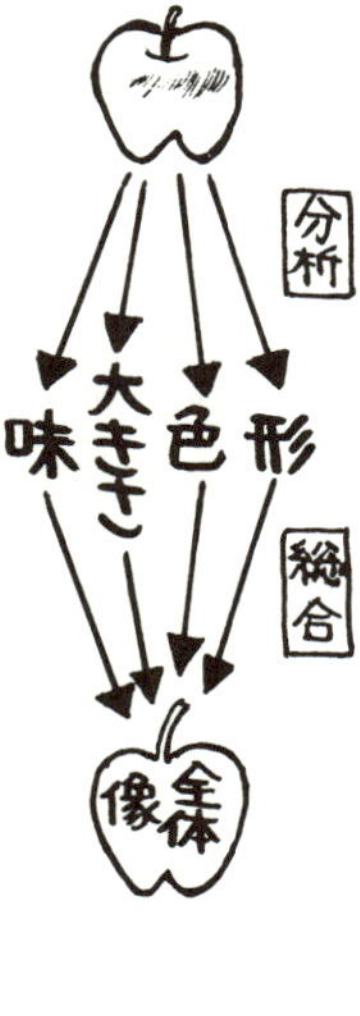

因果　原因と結果

「因果」とは第一に「原因と結果」のこと。しばしば「因果関係」の形で用いられています。たとえば、

> その人の血液型と性格の間に、果して、**因果関係**はあるのだろうか。

といった場合、これは「人の血液型は、その人の性格という結果をつくり出している原因といえるか」という意味として理解されます。

さて、私たちは、あらゆる事柄にはそれを生じさせた原因があると考えているように思われます。そしてそこには「科学」の基本的な要素があるといえそうです。「事象の合理的(P.80)な説明」とは、いわば、その「現象」(P.33)の「原因」が何であるかを合理的に分析、解明することであり、科学はそのように合理的に「因果関係」を解明することで強力な知の体系(P.56)たりえてきたという側面をもっているのです。

従って「因果関係があるか」と問うとき、人は科学的な根拠を問うているともいえるのです。

関連する語

【因果律】　全ては何らかの原因の結果として生起し、原因のないものはないという考え方。同一の原因からは同一の結果が得られるとされ、科学における再現可能性(何度でも同じことが起こる性質)を約束する原理となっています。

【因果応報】　仏教で、前世の行為の結果として現在の幸・不幸が、あるいは現世の行為の結果として来世の幸・不幸が生じるということ。悪い報いを意味することが多く、単に「因果」で「不運な巡《めぐ》り合わせ」を意味させる場合もあります。

矛盾　つじつまが合わないこと

自分の矛《ほこ》（やりに似た武器）はどんな盾《たて》でも破ることができ、自分の盾はどんな矛でも防ぐことができると言っている者がいたというのですが、いうまでもなくこれは同時に成り立ちません。つまり**「つじつまが合わない」**わけです。

> 生命の安全を守るために人々が銃を所有し、その銃が人々の生命を脅《おびや》かしつつある銃社会の現実には、やはり矛盾を感じざるをえない。

銃はたとえば護身用として自らの生命を守るのに有効かも知れませんが、その銃が生命にとって脅威であるということも自明でしょう。このことを、生命にとってプラスであると同時にマイナスでもあると要約してみれば、やはり成り立つはずのない「矛盾」がそこにはあるように思われます。

このところ、特に科学の発達がもたらしたものの中に、矛盾が目立ちはじめているのは周知の事実です。例えば、電力の供給や洪水対策、飲料水確保のためのダムがさまざまな環境問題を引き起こし、アメリカではダムを破壊する運動まで起こっています。また、日本でも、公共事業見通し運動の中で、ダム建設の中止・見直しが相次いでいます。

関連する語

【二律背反《にりつはいはん》】同じように根拠をもつ二つの命題が互いに矛盾してしまうこと。アンチノミー。

【自家撞着《じかどうちゃく》】同じ人の発言や行動が、それ以前の発言や行動とくいちがうこと。自己矛盾。

類推(アナロジー)

似たところをもとにして、未知のものについて推理すること

あるていど長いつきあいがあって、性格とかものの考え方の特徴などがよくわかっているAさんという人が知人の中にいるとします。このAさんと体型や顔つき、全体の雰囲気などが非常に似ているBさんという人に出会った場合のことを考えてみましょう。このような場合、私たちは、この未知のBさんの性格やものの考え方などはAさんと共通のものがあるだろうと考えることが多いのではないでしょうか。

このように、**二つのものごとのある点に類似性があるときに、それにもとづいて、別の点にも類似性があるであろうと推理すること**が「類推」です。辞典などには、「類推によって得られる結論は蓋然的《がいぜんてき》である」などとありますが、「類推」によって得られる結論はあくまでも蓋然的、つまり「そうであろう」というものであって、「そうである」という確実なものではありません。

「類推」は「アナロジー」とも呼ばれますが、文学批評で「アナロジー」が用いられた場合には、かけ離れた二つのものを比較し、共通点を浮き彫りにするというような意味で用いられることもあります。

「比喩」(P.85)などもこの「類推」に基づいているものの一つだと言えるでしょう。

明るくてお気楽ででもーおっちょこちょいな父。
ということは明るくてお気楽なヨシ君はーおっちょこちょい?

有機的

生命のある様子

「有機」とは生命力をもっていることを意味します。従って**「有機体」**といえば「生物」ということになり、たくさんの部分が集まって、それも単に集まるのではなく、**互いに密接に関連しあいながら全体としてまとまりのある、統一された組織を成り立たせているもの**を指しています。

身体は、様々な器官の単なる集まりではなく、それらが相互に複雑に連関して一つの全体をなす、有機的な統一体である。

さて「有機的」は比喩的に用いられることの多い言葉です。つまり、本来「生物」とはいえないものが、あたかも生命をもつもののように機能しているような場合に「有機的」と形容するわけです。

たとえば、人間が作る企業などのさまざまな組織について「有機的」といえる場合がありそうに思われます。人々がそれぞれの意志や能力をもって全体としての目的に合わせて力を発揮し合っているような場合、「有機的な組織」といえるでしょう。

対になる語

【無機的】

「有機的」の反対語で「生命力のないこと」ですが、これも比喩的に、人間がただ機械のように扱われているような場合、またそのように存在している有り様《よう》を指して「無機的」であるなどというのです。

小説のことば３

⑨ **次の各語が入る文例はどれ？**

ⓐ 殷賑《いんしん》　ⓑ 料簡《りょうけん》
ⓒ 普請《ふしん》　ⓓ 器量《きりょう》

ア □の小さな人は、指導者として失格だ。
イ その頃江戸は、□を極めていた。
ウ 彼はそんな□だから失敗したのだ。
エ 明治の日本は、いわば□中だった。

⑩ **次の各文の空欄に入るのはどれ？**

ⓐ 勝ち負けにあくまで□。
ⓑ 株価の予想外の急落に□。
ⓒ あまりの醜態《しゅうたい》に周囲が□。
ⓓ あの人の話し方はどこか□。

ア 癪《しゃく》に障《さわ》る　イ 拘泥《こうでい》する
ウ 狼狽《ろうばい》する　エ 顔をしかめる

⑪ **次の各文の空欄に入るのはどれ？**

ⓐ □返答に困る。
ⓑ 惨敗《ざんぱい》に□立ちつくす。
ⓒ 緊迫した状況を□見守る。
ⓓ チャンスとばかりに□攻撃する。

ア 固唾《かたず》を呑《の》んで　イ 憮然《ぶぜん》として
ウ 嵩《かさ》にかかって　エ 虚《きょ》を衝《つ》かれて

⑫ **次の各文の空欄に入るのはどれ？**

ⓐ どうか□ところを聞かせてください。
ⓑ 彼女はいつも□仕事をしてみせる。
ⓒ 先生を前にしながら□様子だ。
ⓓ 彼とは□話ばかりしていた。

ア そつのない　イ 腹蔵《ふくぞう》のない
ウ 臆面《おくめん》もない　エ とりとめのない

《解答は203ページ》

理性　すじみちを立てて考える能力

「理性」とは、見たり聞いたりという感覚的能力（感性）に対して、すじみちを立てて概念的に（言葉で）考える能力のことです。このような「理性」は人間にだけそなわっているものということになっています。人間以外の動物はすべて、本能や衝動や感覚的欲求に従って行動しているのです。それに対して、人間は「理性」をもっているので、衝動や感覚的欲求など（「本能」はともかくとして、「衝動」や「感覚的欲求」は人間にもあります。）にもとづいて行動したいと思っても、こうしなければいけないとかこうするのが当然だ、というような意識をもつことになって、衝動や感覚的欲求のおもむくままに行動することはありません。このように行動を決定する能力も「理性」のうちに含めます。

「理性」は、他の動物にはない、人間だけにそなわっている能力として、高い価値があるように見なされ、時には絶対化（P.29）されたりもしました。しかし、二十世紀の二度にわたる世界大戦や、地球環境の汚染などは、科学技術が両刃の剣であることを暴き、それを支えた「理性」が絶対的なものではないことを、人間に思い知らせました。

関連する語

【悟性】　経験に対してすじみち立てて考える能力。

【知性】　「理性」や「悟性」と同じような意味で使われることもありますが、普通は、「知識や教養がある」ということも含めて、広く「知的能力」を指します。

対になる語

【感性】　もの・ことを印象的・直観的にとらえる、心のはたらき。あるいは、見たり聞いたりという感覚的能力。

哲学

ロゴス―パトス　「言葉」と「感情」

「ロゴス」とは、もともと「言葉」という意味のギリシア語です。そこから、**言葉を通して表わされた論理・思想・理論などの理性的活動や理性そのものを指す語**として用いられるようになりました。したがってその意味は多様だといえます。また、**宇宙にあるものすべてが変化するその底に存在し、調和と秩序を支える法則**、という意味を持ちます。いずれにせよ、「ロゴス」という語が使われる場合、それは**「真理」を言い表すことのできる理性的な言葉**というニュアンスが強く漂います。

　私たちが住んでいるこの世界の背後には、唯一絶対の真理（だれも否定することのできない普遍的な法則）が潜んでおり、それは言葉（＝ロゴス）によってとらえることができる、という考え方があり、これをロゴス中心主義といいますが、これが「ロゴス」という語が用いられる場合の背景にある考え方です。

　これに対して**「パトス」**という語があります。**「パトス」**とは、一時的に高まった心理状態を表す語で、「感情・情熱」などの意味で用いられます。

　「ロゴス」が「知性・理性」にかかわるものであり、「パトス」はそれと対比される「感情」にかかわるものと考えておけばよいでしょう。

形而上

形を超えた、精神の

有名なのは、ギリシアの哲学者、アリストテレスの『形而上学』ですが、その著は、彼の哲学書そのものです。つまり「形而上」とは、形の支配を上まわること、超えることであり、それは当然「精神」を示すものです。

彼はこの『形而上学』の中で、「理論」を「実践」や「制作」と分離した上で、「自然学」「数学」「第一哲学」とに分けて、その最後の「哲学」こそ、《永遠、不変な独立の存在》を研究するもの、《普遍》を考えるものとして設定しました。

つまり、現在の言葉で言えば、論理的に「存在」の意味を考え、「神」を考察する学問というわけです。ここから西洋の哲学的な追究は開始されたわけです。

ところで、私たちの読む文章では、「形而上」とか「形而上学」という言葉で出ることはあまりなく、むしろ、**「形而上的」「形而上学的」として登場し、ほとんど「観念的」と同意、つまり、「頭の中で理論的に考えて」ぐらいの意です。**

関連する語

【形而上《けいじじょう》学】　哲学。

【形而下《けいじか》(学)】　形の支配の下にある、体育、医学。

なぜ人は存在するのだろう…。
アリストテレスはどう考えていたのかな？

パラダイム

ものの見方を決める枠

「パラダイム」とは、**ものの見方を決める枠組み**のことです。これは、もともと科学を論じる際にもち出される言葉ですが、次のような項目をもとにしています。

①どのようにものを見るか。

「近代」のところでも述べましたが、「神」の存在を前提とした場合のものの見方と、人間の理性的認識に絶対的な信頼を置いた場合のものの見方には根本的な違いが生じます。「近代」は、自然を「対象化」してきたわけですが、これもある時代（近代）の支配的なものの見方、つまり、パラダイムなわけです。

②どのように問題を立てるか。

③どのように問題を解き明かすか。

②も③も時代によってその方法は異なります。たとえば、天動説が支配的であった時代と地動説が支配的である近現代を比べてみましょう。

天動説が支配的であった時代、この大地は人間が住む、神の創った世界の中心のように思えたはずです。つまり、人の住む大地を中心に天は同心円状に回転しているわけです。その場合、天はこの世界の端となり、宇宙は有限の空間のように見立てられます。ところが地動説に立脚した場合、宇宙の端はどこかわかりません。そうなった場合、中世までは当り前であった宇宙の端が、あるのかないのか、また、端があった場合には、それは地球または宇宙の中心からどのくらい離れているのか、が問題になってくるのです。

このように**ものの見方が根本的に変わること**を、「**パラダイムの転換**」と呼びます。

レトリック

表現上の工夫

何かを言葉で表現しようとするときに、その内容がよりうまく相手に伝わるように工夫することがありますが、そのような**表現上の技巧**を指して「レトリック（修辞）」といいます。典型的なものは比喩（直喩、隠喩など）、擬人法、倒置法、対句法等々ということになります。いわば**説得力や芸術的効果を考慮してなされる表現技巧**といえるのですが、『レトリック感覚』の著者佐藤信夫氏（故人）によれば、その根底には「発見的認識」という働きがあるということです。

常識的で平凡な言い回しは、我々に常識的で平凡なものしか想起させないかも知れません。が、そのような言い方をとらず、たとえば比喩的な表現を示されることで、人は思いがけない新たな面をその表現された対象に見出すかも知れませんし、ぼんやりした印象でしかなかったものに鮮明なイメージを与えられるかも知れません。

我々は言語によって世界を認識するとは、よく言われることですが、日常的な言語による日常的な世界認識から脱して、非日常的な表現による非日常的な世界認識、いってみれば、気づかなかった世界や物ごとの側面にふれる機会をレトリックはもたらしもするということになります。

…名づけられた葉なのだから
考えなければならない
どんなに風がつよくとも
これ、新川和江さんの詩。
人間は葉っぱのように弱々しい存在。でも自分だけの名前で呼ばれる個性を持った存在なのよね。今、気づいたわ。
新川さんの詩、比喩がステキ。
「風」は社会のきびしさかなぁ。

メタファー

隠喩

「山のような大男」とか「君の笑顔はひまわりのようだ」とかいえば、これが「比喩」であることが明示されています。このような表現を「直喩」と言いますが、一方「公孫樹《いちょう》の木も箒《ほうき》になった」となるとどうでしょう。これは高村光太郎の詩の一節ですが、落葉しつくして枝ばかりの姿になった「イチョウの木の姿」を「竹箒」にたとえているのですが、字面《じづら》からは比喩であるかどうかは不明です。これを**隠喩（暗喩）**、すなわち「メタファー」といいます。もとより「メタファー」はレトリック（P.176）の一種ですが、なるほど葉の落ち尽した木の有り様《よう》を一言で言い当てている工夫された表現です。

　ところで、メタフィジックという言葉があり、これは「形而上学《けいじじょうがく》」（P.174）と訳されて「人の感覚器官でとらえられる現象を超越して、その背後に潜む本質などを探求する学問」とでもしておきますが、この「超越」という感覚が「メタファー」にもあるといえます。あるものをそのまま当たり前にとらえ表現するのでなく、その本質なり隠された意味なりを含む表現しているというような場合です。たとえば『隠喩としての病い』という有名な書物があります。病気のガンがメタファーとして使用されるとき、それは何か悪いことの原因となる人物を攻撃して用いられるわけですが、その意味は、回復不能や絶望をもたらす絶対悪として現れ、それを耳にする現実のガン患者に無用の苦しみを与えているということがあるのです。

虚構　つくられたもの・フィクション

「子供が玩具《がんぐ》を欲しがることは、人生というものがまずは虚構から始まることを示している。」

こんな例文があったとします。この例文の意味は、ズバリ、「子供が玩具を欲しがることは、人生というものがまずは本物ではない、大人の世界をまねてつくられたものから始まることを示している」という意味です。

この例文にある「虚構」という言葉は、「本当のことのように**つくられたもの**」という意味で用いられ、文学を中心に、「フィクション」の訳語として使われてきました。作者の想像力によって実際にはないことを現実味をもたせて書かれた「小説」自体を指す言葉として使われることもあります（そういう意味では、君たちのほとんどが名前を知っているのにほとんど誰も読んだことのない、あの田山花袋の『蒲団《ふとん》』のような「私小説」は、実は「小説」としては重大な欠陥を抱えていることになりますね。なぜなら、作者自身の日常をそのまま描いているということは、そこに「虚構」がないということなのですから）。

近年、「虚構」という言葉は評論でもよく使われるようになっています。例えば、「『社会』はその成員が共同でつくりあげた幻想、すなわち『虚構』である」とか、「我々の言う『世界』は、人間によって分節化（P.64）されたものであって、決してありのままではないという点で、まさに『虚構』である」とかいうように、「虚構」は文学的な構築物（作品）以外にも使われるようになりました。近代合理主義のもとで行なわれたような、「現実」と「虚構」を対立するものとして分けるということは、もうできなくなってきています。

関連する語

【リアリティ】　現実性。現実味。「実際にありそうなこと。」という意味です。

修辞

コラム

(4) 論述に対概念で対応

大学入試現代文で、論述式の解答を書かなければならない場合も多い。その時、ある熟語やある概念の対義語(対概念)を知っていると「助かる」「うまく行く」場合が少なからずあることをご存知でしょうか。

たとえば、論述設問のよくあるパターン「AとBの相違点は」「AとBはどう違うか」「A・Bの異同を論じよ」などでは、本文中にAとBの両方の内容が必ずしも対応的に揃ってないことがあります。「Aは個人的であり、Bは個人的でない」型では、さすがに、後半のBの内容がいまいちです。そうした時、「個人」に対して「集団」とか「全体」を対義語(対概念)として思いつければ、「Aは個人的であるが、Bは集団的(全体的)である点」と書けます。これなら、わりと「うまくいっている」のではないでしょうか。

同じように、「普遍(いつでも、どこでも、誰にでも成立)」と「特殊(ある時・ある場所で、特定の人にのみ成立)」、「肉体」と「精神」、「理性」と「感性」、「動的(ダイナミズム)」と「静的(スタティックス)」、「主観(主体)」と「客観(客体)」、「人間」・「機械」と「自然」、「受動」と「能動」、……などを知っていれば、文章を読むときに都合が良いだけでなく、論述をする時、小論文を書くとき、口頭試問のとき、議論のとき、頭を整理するとき、レポートを書くとき、卒論を書くとき、つまり、あらゆる時に、役に立つことは受け合いでしょう。

～観　～に対しての見方、考え方

「観」という字は、「ものの見方」「考え方」という意味をもっているもので、「～観」という言葉は、「～に対してその人が抱いている基本的な見方や考え方」という意味になります。次のようなものがあります。

・**世界観**　「世界」をどのように見ているか。
・**自然観**　「自然」に対しての見方。
・**人生観**　「人生」についてどのように考えているか。
・**恋愛観**　「恋愛」についてどのように考えているか。
・**価値観**　「価値」をどのようなところに見出しているか。

ところが、「～観」という形をしていても、こういう意味とは違っている言葉もあるので気をつけましょう。次のようなものです。

・**先入観**　あることについて実際に見聞きする前から思いこんでいる考え。
・**無常観**　あらゆるものは必ず滅び、不変のものはないという考え。
・**厭世《えんせい》観**　世の中や人生は、生きる意義も価値もないとする考え。

〜念　考え

「念」という字は、もともと「心にかたくとめておく」という意味をもった字で、他の字と組み合わせられた時には、「思い」や「考え」といった意味を表すようになります。

・**概念**　第一章に詳しく述べてありますが（P.72）、簡単に言えば、「ものごとについてのはっきりした考え」という意味です。多くの場合、「言葉」や「言葉の意味」に置き換えて読んでも意味が通ります。

・**観念**　これも第一章に詳しく述べてありますが（P.76）、簡単に言えば、「あるものごとについての考え」という意味です。右の「概念」より広い意味で使われます。

・**疑念**　「ある物事が本当かどうか疑う思い」という意味です。

・**思念**　「心にかけた考え」という意味です。

・**想念**　「心に浮かんだ考え」という意味ですが、ふと浮かんでは消えていくというニュアンスを伴うことが多い言葉です。

・**通念**　「一般に共通した考え」という意味です。よく「社会通念」という形で使われます。

・**諦念**《ていねん》　「物事の道理を悟って迷わない心」、あるいは「あきらめの気持ち」という意味です。

・**理念**　第一章で触れましたが、「こうあるべきだという考え」という意味です。「理想」に置き換え可能です。

〜義

道理・意味

語尾に「義」がつく場合、その意味はほぼ二つに分かれます。

①「道理、理にかなうこと、人として行うべき筋道」。たとえば、

・**正義** 人が従い行うべき正しい道。

・**大義**《たいぎ》 大切な意義。人が従い行うべき最も大切なこと。さらに、特に「大義名分」のかたちで、何かを行うにあたっての根拠・口実。

②「意味」。たとえば、

・**定義** あるものごとの意味・内容をはっきりとしたかたちで定めたもの。

・**多義** 一つのことに多くの意味があること。「一義」「二義」とともにP.68・69参照。

・**両義** 一つのことがらに含まれる対照的な二つの意味。たとえば「情報の両義性」といえば情報のもつ二つの対照的な意味で、情報によって人は直接体験せずに、あるいは前もって何かを知ることができますが、そのために直接の体験を軽んじ、現実を確かめることをしなくなってしまうという、いわばプラスとマイナスの両面性があるということになるでしょう。

・**広義**《こうぎ》 ある言葉の意味を広い範囲でとらえること。「広義に解釈する」などと用います。対義語は「狭義」。

非〜（〜非）

よくない・うまくいかない
そしる・〜でない

「非」という字は、大きく分けて四つの意味を持っています。

①よくないこと。
②うまくいかないこと。
③そしること。
④「〜でない」という意味。

①②は下に伴う語句を否定する意味です。①の例としては次のような語が挙げられます。

・**是非**　よいこととまちがっていること。
・**理非**　正しいこととまちがっていること。
・**非行**　よくない方針。

右の「是非」の「是」は「非」とは正反対の意味を持ちます。「是」とは「正しいと考えること」とか「正しい方針」の意味です。したがって「是非を論じる」という表現の意味は、「正しいか（よいか）まちがっているかを論じる」ということになります。

②は「非運」、③は「非難」の語がわかればよいでしょう。

④については多くの熟語があります。

・**非常**　普通ではなく異状なこと。
・**非力**　力のない様子。
・**非民主的**　民主的でない様子。
・**非合理**　理論に合わない様子。
・**非科学的**　科学的でない状態。
・**非常識**　常識をはずしている様子。

以上のように「非」は下を否定する語としてよく使われます。

不可～　べからず、よくない、出来ない

漢文の「不レ可」から由来する語で、「よくない・できない」という意味ですが、今では「不可」＝ダメと使っているわけで、その意味で把握してもらっても、それ程、大きくは違ってはいないでしょう。この言葉を含む熟語は数が非常に多いのですが、それらを次に列挙します。よく考えて読んでみて下さい。

・**不可侵**《ふかしん》　侵すべからず
・**不可知**《ふかち》　知ることが出来ない
・**不可避**《ふかひ》　避けることが出来ない
・**不可逆**《ふかぎゃく》　逆にはならない
・**不可解**《ふかかい》　解らない
・**不可分**《ふかぶん》　分けることは出来ない
・**不可欠**《ふかけつ》　欠かすことは出来ない
・**不可視**《ふかし》　見ることが出来ない
・**不可抗力**《ふかこうりょく》　(人力では)抵抗できない

・**不可思議**《ふかしぎ》　考えが及ばない

以上、そんなに難しくはないと思いますが、文章によく出て来るものもありますから、まとめて理解しておきましょう。

私の辞書にも「不可能」はない…
なーんてね。
でも、そう思うことにしてるの。

小説のことば４

⑬ **次の各文の空欄に入るのはどれ？**

ⓐ 人に話すのを□。
ⓑ 自慢話ばかり□。
ⓒ 何とかお金を□。
ⓓ 怒《いか》りのために□。

ア　上気《じょうき》する　　イ　工面《くめん》する
ウ　気兼《きが》ねする　　エ　吹聴《ふいちょう》する

⑭ **次の各文の空欄に入るのはどれ？**

ⓐ 約束を□にする。
ⓑ 上役の□を買う。
ⓒ 努力が□に帰《き》す。
ⓓ 旧友に□を叙《じょ》す。

ア　久闊《きゅうかつ》　　イ　歓心《かんしん》
ウ　反古《ほご》　　エ　徒労《とろう》

⑮ **上段の各語の意味はどれ？**

ⓐ 心もとない　　ア　期待はずれで残念だ。
ⓑ 口惜《くちお》しい　　イ　あざやかで気持ちよい。
ⓒ せち辛《がら》い　　ウ　確信が持てない。
ⓓ 小気味よい　　エ　計算高い。

⑯ **上段の各語の意味はどれ？**

ⓐ 慢心《まんしん》　　ア　わざと欠点をさらけ出すこと。
ⓑ 安堵《あんど》　　イ　心をいためること。
ⓒ 露悪《ろあく》　　ウ　いい気になること。
ⓓ 感傷《かんしょう》　　エ　心配がなくなること。

《解答は204ページ》

第四章　重要語II（36語）

余裕の読解へ

よくここまで来ましたネ。君の頑張りに拍手を送ります。まちがいなく、君の言葉の力は、一般以上となっています。あとは、それを元にして、実践練習を行うのみです。

イデオロギー　思想・主義

人間の行動や生活様式を決定する**根本的なものの「考え方」**のことです。また、「政治的、社会的な意見、思想傾向」という意味でも使われます。社会的ときには、本人が意識できないような形で、歴史的、社会的立場によって制約され、根拠は何もないのにその社会特有のイデオロギーである、「男とはこういうものだ」などという思い込みに従って行動することになったりします。

ブルジョア　資本家

「ブルジョア」は、もともと中世ヨーロッパの都市の市民を意味しましたが、マルクス以降は、私有財産を持つ**資本家**を意味するようになりました。「ブルジョアジー」は、資本家階級のことです。マルクスは、人間らしさを奪われている労働者(プロレタリア)を解放するためには、労働者階級(プロレタリアート)が団結して、資本家階級を倒し、資本主義を打破する必要があると考えました。

市民社会　自立した個人の社会

封建的身分制度から解放された自由で平等な**個人が、自立して対等な関係で構成することを原理とする社会**のことです。そのような社会を作っていこうという意識をもっている人々のことを「市民」といいます。日本では、自立した「個人」よりも同質性を前提とする「世間」(P.149)が優位であるために、このような意味での「市民」も「市民社会」も未成熟な状態にあると考えられています。

下位文化　非主流文化

伝統的で正統的な文化に対して、社会の一部の人によって作り出された、**非主流に位置付けられる文化**を、「下位文化」、あるいは「**サブカルチャー**」といいます。この文化は、支配的な強者である主流文化に対して、弱者の抵抗表現を核にして存続しようとします。しかし、ある種の「大衆文化」のように、マス・メディアの力で、権威的な存在へと変貌してしまうこともあります。

コスモロジー　宇宙論・宇宙観

「コスモロジー」は、「宇宙論」と訳され、もともと、人間にとって、**秩序ある世界すなわち宇宙とはどういったものかを論ずるもの**でした。もっとも、ニュートンが「宇宙は天体以外何もない空虚な空間」と位置付けたのちは、人間とは切り離された、天体の誕生や構造についての理論を意味するようになりましたが、最近では、再び人間中心の**宇宙観**を模索する動きが高まっています。

実存　現実の存在

まずは、「実際に存在すること（実在）」です。哲学では、「現実的存在」を意味します。ものごとの本質はそのものごとを様々に存在させ得るでしょうが(可能的存在)、その**本質が具体的に実現された状態**のものをいうわけで、「人間的実存」といえば、自己のあり方を問いつつ生きる自覚的な主体のことです。人間の本質より個々の実存に関心の中心をおくのが「実存主義哲学」です。

無為　なるがままに

古代中国の老荘思想から出た言葉としては、「無為自然」の形で「人為をやめ自然にまかせること」つまり「**なにもしないで**ぶらぶらしていること」という意味です。現在も普通はこの意味で使います。また、仏教から出た言葉としては、「生滅変化を超えて存在するもの」つまり「永遠の存在」という意味です。

ニヒリズム　すべては無価値…

「**虚無主義**」ともいいます。「**社会一般の道徳的な価値観や伝統的な秩序を無意味なものとして否定しようとする立場**」のことです。すべての秩序を否定しながらも、その状態の中で生きる逃避的なものと、逆に、秩序破壊的な傾向を帯びる、積極的、反抗的なものがあります。社会の常識や一般的な価値観に背を向ける態度、と考えればよいでしょう。政治的にはアナーキズム(無政府主義)と結びつきやすい態度です。

カタルシス　精神の浄化作用

「カタルシス」は、哲学者アリストテレスが『詩学』という著書で用いた言葉で、もともとは、「悲劇」を見て涙を流すことによって、観客の心が「浄化」されることを意味しました。しかし現在はもう少し広い意味で、フラストレーションのような心のなかにたまった感情のしこりが、言葉や行動に表出されることによって解消され、**精神的に浄化される**場合にも使われます。

深層　奥深い所

「表面からはわからない奥深い所」のことです。「深層心理」といえば、人の意識の奥底に潜む無意識（P. 45）の部分を指します。

「表層」が対義語で、文字通り、表面に現れた所を意味しますが、この「表層」は、「うわべ」というニュアンスになるとやや軽んずる感じ、「深層」にこそ意味があるという調子になることが多いようです。

フラストレーション　欲求不満

「フラストレーション」とは、簡単にいえば、**「欲求不満」**のことです。睡眠欲・食欲・性欲などの生理的欲求や、いい職業につきたい・高い地位につきたいなどの社会的欲求や、読書をしたい・音楽を聞きたいなどの文化的欲求の充足が、環境に基づく外的な障害、自分自身に基づく内的な障害によって妨げられたときに起こる、不快感や緊張が高まった状態をこう呼んでいます。

昇華　高められること

理科では、固体が液体の状態を経ないで一挙に気体になること、およびその逆をいいます。

そこから、**「より高度な状態に高められること」**という意味が派生し、その意味で用いられるのが一般的です。その人の貧困や失恋による苦悩などが、詩や絵画といった芸術活動に「昇華」したりするのはよく見られることです。

コラム

(5)　熟語のレベル

入試評論文を読むとき、読解の「キー」になる熟語があることは、既にこの本でも明らかでしょう。そして、もう少し細部を見れば、入試問題の選択肢に頻繁に使われる熟語、空欄補充でよく問われる熟語など特別で限定的なものもあるのではないでしょうか。

こうした点を考えるために、二〇〇〇年度の「センター試験」を調べてみました。国語I・IIの本試の第1問　評論文の選択肢に使われた熟語です。

①キーワード　認識・意識・社会・関係・自我・過去・経験・世界・価値観・直接―間接

②準キーワード　群衆・交流・家族・友人・物質・本能・誤解・否定・晩年・反省・成熟・誠実・模索・前提・信念・距離・孤独・生活・都会・行動・心情・意味

③特定の文章のために必要な熟語　気軽・述懐・堅持・大事・自己流・老境・疎通・工夫・回顧・期待・周囲・安定

①・②・③の分かれは、必ずしも明確ではない点もないわけではありませんが、それでも、それぞれにレベルがあるように思われるのは筆者だけではないでしょう。①の熟語群は、どんな問題の選択肢にも使われる可能性があり、③は、逆にあるタイプの文章の中で確認されることを考えれば、自ずから、その中間としての②も設定されて来るでしょう。

今後、もう少し、こうした方向からも、熟語を分析すべきでしょう。この本は、もちろん、こうした点を考慮しました。

散文
普通の文章

「散文」は、**リズムや調子にとらわれない、普通の文章**のことです。評論や小説などの文章がこれにあたります。それに対して、詩歌《しいか》のようにリズムや調子のある文章は、「韻文《いんぶん》」といいます。

「散文」は、「韻文」に比べて、精神の動きを直接に、飾り付けなく表現することができます。また、形式から解放されている分、個性的で自由な表現も可能です。

定型
一定の型・決まった型

「一定の型・決まった型」のことです。なかでも、日本語では音が五音・七音になりやすく、俳句・短歌・長歌などが、その典型的な例といえます。

【無定型】 定型がないこと。

【定型詩】 音数、配列が決まっている詩。

⟷

【自由詩】 音数にとらわれないで、自由な形式で書かれた詩。

文体
文章のスタイル

「**文章の様式**」を意味する場合がひとつ考えられます。口語体や文語体、和文体、漢文体などの形式を示します。

また「独自の文体をもっている」となると、「その作者に**特有の個性的な言葉の使い方、スタイル**」を意味します。言葉による分節化（P.64）を通して世界を知るという以上、文体もまた世界観（P.180）の表現として意味深いものでありましょう。

ニュアンス
微妙な感じ

「音や色彩、表現や感情などにおける、表面上には**はっきり現れないような微妙な感じ**や違い」のことで、「(言葉の）陰影《いんえい》」などともいいます。

「君と彼とは同じことを言っているのだが、ニュアンスがちがうのだ」というようなことがありますね。この場合、「言っていることの微妙な感じ」が「ちがう」ということになるわけです。つまり、内容的には同じことを言っていても、どこかに違いがあるわけです。

テクスト　書かれたもの

「テクスト」は、「テキスト」ともいい、通常は「原典」や「教科書」を意味しますが、批評の世界では、**「書かれたもの」**、「すでにあるものを材料にして織るように作られたもの」という意味で使われます。作者の与えたひとつの意味しか読み取れないとする「作品」に対立する概念（P.72）として、**読むことで読者が多様な意味を生成することができる**という立場から使われる言葉です。

モチーフ　動機

音楽では、ある表現性をもつ音型のことで、音楽様式を構成する最小単位のことです。それと同様に、文学や美術でも、**創作の動機**となった中心的な題材をさします。作品の中心となる問題、作品で作者があらわそうとした基本的な思想という意味の「テーマ（主題）」と混同してしまっている人がよくいるので、気をつけなければいけません。

コンテクスト　場《ば》

「コンテクスト」は、「文脈」すなわち「文章中での**前後関係**」を意味する言葉ですが、それにとどまらず、言語的な、あるいは社会的な、あるいは歴史的な、「**状況**」を意味することもあります。いずれにしても、ある言葉の意味を限定したり、明確化したりする「**場**」であるということです。前述の「テクスト」の持つ意味も、こうした「場」において決まると言われています。

牧歌　素朴で叙情的な歌

世の中が忙しく、せわしなくなるに従って、人々は、たまには、田舎の民宿などに一泊して、人情味あふれる地元の人々との交流や、少年少女の、「牧歌」的な、つまり**「素朴」な**雰囲気にふれたくなったりするものです。

●**関連語**●

【牧歌的】　素朴で、叙情的なようす。

道化

ふざけた言葉や動作で人を笑わせること

道化とは**「ふざけた言葉や動作で人を笑わせること」**です。

真面目で勤勉を心掛けてしまう日常の努力や勉強（ルーティン・ワーク）の中での、そこに生じる行き詰りなどを、おどけやおかしみでやぶることをいいます。つまり、絶対化（P.29）して固くなったものを「道化」によって相対化（P.28）し、活性化するというわけです。

ナンセンス

無意味・ばかげていること

時には、一切にこだわることのない、ナンセンスつまり、無意味な行動や笑いを引き起こすことで、絶対的で重苦しい人生を、相対化し活性化することが可能となります。

●関連語●

【ナンセンス詩】 無意味な行の連続であるが、音合わせが面白かったり、形が何かを示していたり、意味連関があったりする詩。

ファジイ

曖昧な

たとえば、一つの言葉と一つの意味が対応する「一義性」（P.69）を必ずしも言葉が持っていない場合、つまり**「多義性」**（P.68）**をおびて**いれば、その言葉は「曖昧《まい》である」、「ファジー性をおびている」と言えます。

●対義語●

【タイト】 かっちりと。

追体験

他人の体験を自分のもののようにとらえること

詳しくいえば、「自分自身が直接体験したわけではない、**他人の体験を**、映像や言語などを利用した解釈作業を通してあとからなぞり、**あたかも自分自身の体験であるかのようにとらえること**」です。

たとえば、小説を読むことを通して、自分の世界とは異なった世界を「追体験」することが可能になるわけです。

小説のことば5

⑰ 上段の各語の意味はどれ？

ⓐ 書き倦《あぐ》ねる
ⓑ かきくどく
ⓒ 角《かど》が立つ
ⓓ 剣《けん》のある

ア 穏《おだ》やかでなくなる。
イ 思い通り書けない。
ウ くどくど説得する。
エ 表情がきつい。

⑱ 上段の各語の意味はどれ？

ⓐ 穏当《おんとう》な
ⓑ ぞんざいな
ⓒ 凛《りん》とした
ⓓ 毫《ごう》も

ア いい加減な
イ ちっとも
ウ 適度で無理のない
エ ひきしまった

⑲ 上段の各語の意味はどれ？

ⓐ あや
ⓑ 反芻《はんすう》
ⓒ 一瞥《いちべつ》
ⓓ 不如意《ふにょい》

ア 言い回しやニュアンス。
イ ちらっと見ること。
ウ 思うようにならないこと。
エ くり返し考えること。

⑳ 次の意味を持つ語はどれ？

ⓐ 初対面の相手に対して恥ずかしがる。
ⓑ 形勢が不利である。
ⓒ さしさわりを覚えてためらう。
ⓓ あまりにもむき出しで、ふくみがない。

ア 分《ぶ》が悪《わる》い　イ 人見知《ひとみし》りする
ウ 憚《はばか》る　エ 身《み》も蓋《ふた》もない

《解答は204ページ》

還元　もとの要素にもどすこと

「現実に存在する複雑で雑多なものごとを、**より基本的で単純だと考えられる要素の組み合わせや働きとして**考えること」をいいます。「生命を物質に還元する」というと、物質と物質の化学反応による結びつきや物質の運動などという、物質についての説明だけで、生命という複雑な現象をすべて説明するということになります。また、「〜という視点から見る」と言い換えることもできます。

相関（相関関係）　かかわり

「二つ以上のものごとが、一方が変化すれば他方もそれにつれて変化するというように**たがいにかかわりあうこと**」をいいます。特に数量で表されることがらの場合、一方が増加すれば他方もだいたい増加する傾向があるとき、正の相関があるといい、他方が減少する傾向があるとき、負の相関があるといいます。

媒介　なかだちをすること

「直接的には物や情報のやりとりができないような状態にある両者の間で、**一方から他方へと物や情報を伝えるはたらき**」を「媒介」といい、そのはたらきを担うもののことを「媒体」といいます。「メディア」（P.136）の訳語です。また、そのようなはたらきそのもののことをいうこともあります。「おしべとめしべの間で、虫が『媒体』となって花粉を媒介する」という例で思い浮かべるとわかりやすいでしょう。

互換　たがいにとりかえられること

「**たがいにとりかえることができること**」を「互《ご》換《かん》」といいます。たとえば、機械が大量に生産され、普及していった要因の一つに多くの部品の規格を統一することで、部品の交換がいつでもどこでも楽に行えるようになりました。このように、「**たがいにとりかえることができる性質**」のことを「互換性」といいます。

任意　意のままに

「その人の**自由な意思にまかせること**」です。「随意《ずいい》」ともいいます。

「任意に選択する」といえば自由に選んでよいことになりますが、これは、特別な選び方をしないで、無作為に抽出するということです。従って**「あらゆる場合」**を意味することになります。

虚偽　うそ・いつわり

「虚」は「中身がなくて、からであること」という意味です。

また、「偽」は「うわべだけのみせかけ」という意味です。ここから、「虚偽」とは、「中身がないのにうわべだけをとりつくろった**うそ**」という意味になります。言い換えれば、「真実でないのにいかにも真実であるかのように見せかけること」となります。

プロセス　手順・過程

「手順」とか**「過程、経過」**という意味です。

「現代文の問題を解くときには、カンに頼らず、きちんとプロセス（＝**手順**）を踏むことが大切だ」とか、あるいは、「入試は結果ばかりに意味があるのではない。それまでのプロセス（＝**過程**）こそがその後の人生に影響するのだ」とか、お説教されるわけです。

シミュレーション　模擬実験

実際の模型を作ったり、コンピュータなどで理論上のモデルを作ったりして、その**「モデルを作って実験してみること」**です。いずれにしても、モデルを用いた実験をすることによって得られた結果をもとに、工学上の設計の分析や、社会現象の分析などを行ったりするわけです。模擬試験も、本試験のシミュレーションであるといえます。

時系列

時間的順序

自然界の出来事や社会で起こった様々な現象（P.33）を、時間の移り変わりに従って、つまり、**「起こった順序に従って並べたもの」**を意味します。

毎年のセンター試験の受験者数や年度ごとの国民総所得など、時間的に順序を追って一定間隔ごとに観察され、相互に関係のあるものとして認められるデータなどもこれにあたります。

離散化

（家族などが）離ればなれになること

「中心から離れて、周辺へ周辺と、移動すること」で、特に都市における「人口の離散化」、あるいは、議論・評論などの「主題の離散化」などとして用いられます。

●関連語●

【四散】　周囲にちらばること。

【人口スプロール現象】　ドーナツ状に人口が都市の周辺に移動し、真中が少なくなること。

水平化

対等になること

本来は「水平ではないものを水平な状態にすること」です。また、身分や社会的階級差があった時代に、その社会は上下の関係によって秩序（P.57）が保たれ、いわば「垂直」の構造をもっていたのですが、その上下の関係、例えば、権力や富の差をなくし、**「平等・対等な横ならびのものにしてしまうこと」**も「水平化」といいます。

都市化

「都市」の要素をもつようになること

「人口の集中が進んで、街が大きくなって、分業が進行すること」です。文明の始まりは、人間が農耕社会から、一定の分業を基本とする都市を作り出すことにあります。人口が一箇所に集中し始めると、それに伴って、必然的に、その人口に合わせるための店、市場ができ、サーヴィス業が登場し、娯楽が発生し、そのことがまた、より一層の人口を集中させるという循環の中に入って行く、つまり「都市」が形成されるわけです。

知っていると得する熟語

〔ここに取りあげた言葉を重要語とする本もありますが、それはその本を作った人が、精選しなかっただけです。ここは「読めればよい」のです。楽な気分で「読んでください」。〕

1 読めればいい熟語（意味を覚える必要はありません）

1	踏襲	とうしゅう	従来のやり方でやる
2	暴露	ばくろ	ばらすこと
3	明晰	めいせき	はっきりしていること
4	厭世	えんせい	世の中がいやになること
5	真摯	しんし	まじめで熱心なこと
6	知己	ちき	知りあい
7	躊躇	ちゅうちょ	ためらうこと
8	遂行	すいこう	なしとげる
9	迂闊	うかつ	注意がたりないこと
10	相殺	そうさい	差し引いて帳消しにする
11	矮小	わいしょう	小さいこと
12	相克	そうこく	互いに争うこと
13	脆弱	ぜいじゃく	弱いこと
14	些細	ささい	取るに足らないこと
15	欺瞞	ぎまん	あざむくこと
16	永劫	えいごう	長い年月
17	思惟	しい	深く考えること
18	輪廻	りんね	生きかわり死にかわりすること
19	誤謬	ごびゅう	まちがい
20	愚弄	ぐろう	ばかにしてからかう
21	懐疑	かいぎ	うたがいをもつこと
22	陶酔	とうすい	うっとりとすること

23 享受 きょうじゅ 受け入れて楽しむ
24 呵責 かしゃく 責め苦しめること
25 貪欲 どんよく 欲が非常に深いこと
26 憂鬱 ゆううつ 気が晴れないこと
27 惹起 じゃっき ひきおこす
28 無垢 むく けがれがないこと
29 権化 ごんげ 神仏が具体的に現れたもの
30 漸次 ぜんじ しだいに
31 暫時 ざんじ しばらくの間
32 畏敬 いけい おそれうやまう
33 冒瀆 ぼうとく けがし傷つける
34 蓋然 がいぜん 確からしさ
35 流布 るふ 広まって知れわたる
36 遡及 そきゅう 過去にさかのぼる
37 転嫁 てんか 責任を他人になすりつけること

38 歪曲 わいきょく ゆがめること
39 羨望 せんぼう うらやましいこと
40 憧憬 しょうけい あこがれ
41 凡庸 ぼんよう 平凡なこと
42 陥穽 かんせい おとしあな
43 豊饒 ほうじょう 豊かなこと
44 辛辣 しんらつ 手きびしいこと
45 逸脱 いつだつ それること
46 羞恥 しゅうち はずかしく思うこと
47 横溢 おういつ みちあふれる
48 推敲 すいこう 文章を練り直す
49 精緻 せいち 非常に細かく美しい
50 猜疑 さいぎ 根拠なく疑うこと
51 隠蔽 いんぺい おおいかくす
52 剝奪 はくだつ はぎとる

53　憐憫　れんびん　あわれみ

54　趨勢　すうせい　なりゆき

2　意味も覚える熟語

1　恣意　しい　自分勝手

2　迎合　げいごう　相手にあわせること

3　稀有　けう　めずらしいこと

4　等閑　とうかん（なおざり）　いいかげんに扱うこと　＊「等閑《とうかん》に付す」の形で。

5　辟易　へきえき　うんざりすること

6　乖離　かいり　はなれていること

7　陶冶　とうや　人格を磨くこと

8　機微　きび　微妙な心の動き

9　卑下　ひげ　自分を卑しめること

10　示唆　しさ　ほのめかし

11　含蓄　がんちく　ふくみをもつこと

55　超克　ちょうこく　のりこえること

56　終焉　しゅうえん　おわり

12　陳腐　ちんぷ　ありふれていること

13　杞憂　きゆう　しなくていい心配

14　払拭　ふっしょく　ぬぐいさること

15　造詣　ぞうけい　深い理解　＊「造詣が深い」の形で。

16　拮抗　きっこう　張り合う

17　葛藤　かっとう　もつれ入りくんでいること

18　忸怩　じくじ　深く恥じ入る様　＊「忸怩たる思い」の形で。

19　桎梏　しっこく　縛っているもの

20　敷衍　ふえん　くわしく説明すること

21　膾炙　かいしゃ　知れ渡っていること　＊「人口に膾炙する」の形で。

22 敬虔 けいけん つつしみ深いこと

23 折衷 せっちゅう いいところをつぎ木すること

24 成就 じょうじゅ なしとげること

25 市井 しせい 世間・巷間《こうかん》

26 収斂 しゅうれん ひとつにまとめること

27 対峙 たいじ 対立し、にらみあうこと

28 所以 ゆえん いわれ

29 屹立 きつりつ そびえつたつこと

30 詭弁 きべん こじつけ

31 帰依 きえ 神仏に打ち込むこと

32 杜撰 ずさん いいかげん

33 矜持 きょうじ ほこり

34 刹那 せつな 一瞬

35 似非 えせ 「似而非」とも書く。まやかし

36 狼狽 ろうばい 落ち着きを失うこと

37 揶揄 やゆ からかうこと

38 蹂躙 じゅうりん ふみにじること

39 軋轢 あつれき 不調和

40 嚆矢 こうし ものごとのはじめ

41 瑕疵 かし きず

小説のことば　解答・解説

小説のことば❶（P.115）

① **正解イ**／**解説**「細君」は、親しい人に対して、自分の妻を言ったりする時、あるいは、同輩以下の人に対して、その人の妻を言ったりする時に使われる語です。

② **正解エ**／**解説**「眉《まゆ》をひそめる」は、「不快」や「心配」な気持ちを表す時に使われる語です。

③ **正解エ**／**解説**「おうような」は、「おっとりとした」というような意味の言葉で、あまり悪い意味の文脈では使われません。

④ **正解イ**／**解説**「個人または一家が有する財産」という意味の「身代《しんだい》」が入ります。「渾身《こんしん》」は「からだ全体」という意味です。

小説のことば❷（P.157）

⑤ **正解イ**／**解説**「あてどもなく」で「目当てもなく」という意味です。「如才《じょさい》なく」は「ぬかりなく」という意味です。

⑥ **正解ア**／**解説**「さめざめと」は、「しきりに涙を流して静かに泣く様子」を表す言葉です。

⑦ **正解ア**／**解説**「青二才《あおにさい》」とは「年が若く、経験が乏しい人」のことです。また、「不世出《ふせいしゅつ》」は「めったに現れないほどすぐれていること」、「依怙地《いこじ》」は「意地を張って自分を通そうとすること」という意味です。

⑧ **正解ウ**／**解説**「ないまぜになった」は「ごちゃまぜになった」という意味なので、「憎しみだけ」というのと矛盾します。「手向けた」は「ささげた」、「瞠《どう》目《もく》する」は「注目する」、「歯牙《しが》にもかけない」は「問題にしない」という意味です。

小説のことば❸（P.171）

⑨ **正解**ⓐ**イ** ⓑ**ウ** ⓒ**エ** ⓓ**ア**／**解説**「殷賑《いんしん》」は「にぎわい」、「料簡《りょうけん》」は「考え」、「普請《ふしん》」は「工事」、「器《き》量《りょう》」は「心の大きさ」という意味です。

⑩ **正解**ⓐ**イ** ⓑ**ウ** ⓒ**エ** ⓓ**ア**／**解説**「癪《しゃく》に障る」は「気に入らなくて腹が立つ」、「拘泥《こうでい》する」は「こだわる」、「狼狽《ろうばい》する」は「うろたえる」、「顔をしか

める」は「不快になる」という意味です。

⑪ **正解** ⓐ**エ** ⓑ**イ** ⓒ**ア** ⓓ**ウ**／**解説**「固唾《かたず》を呑《の》む」は「成り行きを気にして緊張《きんちょう》する」、「憮然《ぶぜん》とする」は「驚きあきれる」、「嵩《かさ》にかかる」は「優勢に乗じる」、「虚《きょ》を衝《つ》かれる」は「弱みにつけこまれる」という意味です。

⑫ **正解** ⓐ**イ** ⓑ**ア** ⓒ**ウ** ⓓ**エ**／**解説**「そつのない」は「ぬかりのない」、「腹蔵《ふくぞう》のない」は「本心をかくさない」、「臆面《おくめん》もない」は「遠慮《えんりょ》もない」、「とりとめのない」は「はっきりしたまとまりのない」という意味です。

小説のことば❹（P.185）

⑬ **正解** ⓐ**ウ** ⓑ**エ** ⓒ**イ** ⓓ**ア**／**解説**「上気する」は「かっとなる」、「工面する」は「取りそろえる」、「気兼《きが》ねする」は「遠慮《えんりょ》する」、「吹聴《ふいちょう》する」は「言いふらす」という意味です。

⑭ **正解** ⓐ**ウ** ⓑ**イ** ⓒ**エ** ⓓ**ア**／**解説**「久《きゅう》闊《かつ》を叙《じょ》す」は「久し振りのあいさつをする」、「歓心《かんしん》を買う」は「気に入られようときげんをとる」、「反古《ほご》にする」は「ないものにする」、「徒労《とろう》に帰す」は「むだにおわる」という意味です。

⑮ **正解** ⓐ**ウ** ⓑ**ア** ⓒ**エ** ⓓ**イ**／**解説**「せち辛《がら》い」には「こせこせして暮らしにくい」という意味もあります。

⑯ **正解** ⓐ**ウ** ⓑ**エ** ⓒ**ア** ⓓ**イ**／**解説**「露悪《ろあく》」は「露悪的」、「露悪趣味」といった形でよく使われます。

小説のことば❺（P.195）

⑰ **正解** ⓐ**イ** ⓑ**ウ** ⓒ**ア** ⓓ**エ**／**解説**「倦《あぐ》ねる」はいろいろな語に付いて「うまくいかなくていやになる」というような意味を添《そ》えます。

⑱ **正解** ⓐ**ウ** ⓑ**ア** ⓒ**エ** ⓓ**イ**／**解説**「毫も」は、多くの場合、あとに打ち消しの語を伴います。

⑲ **正解** ⓐ**ア** ⓑ**エ** ⓒ**イ** ⓓ**ウ**／**解説**「事件のあや」という場合の「あや」は「筋道や仕組み」という意味です。

⑳ **正解** ⓐ**イ** ⓑ**ア** ⓒ**ウ** ⓓ**エ**／**解説**「憚《はばか》る」には「幅をきかす」という意味もあって、「憎《にく》まれっ子世《こよ》に憚る」というように使います。

あとがき

さまざまな苦労が、実際、この本を作るにあたって、ありました。それは基本的な方針における一致が難しいとか、どの言葉を選び、載せるかということにではなく、一つの言葉をめぐって、それぞれの執筆者の持っているイメージの、ニュアンス上の、違いによっていることでした。

このことからも分かるのは、日本では、言語上の共通理解が、一般的にはないということです。例えば、フランスの高校卒業資格試験（バカロレア）では、卒業者が理解すべき言葉を、数百個の単位で規定していますから、彼《か》の国では、バカロレアを突破した人には、一応の共通の、言語的な基準があるわけです。それに比べれば、我が国では討論や論争がうまくいかない一つの理由が、この点にもあるのではないかとも思考するところです。

とにもかくにも、以上のような点を考えて、共同執筆者が話し合い、原稿を書いてきたのですが、はたして十全なものができたかどうかは、読者の皆さんの判断にゆだねたいと思います。そして、この本を利用されることで、皆さんが少しでも評論文が読め、分かるようになってくれたら、執筆者の全員が、本当に心の奥から幸せを感じるものです。私たちも、いつも、言葉の問題で悩んできたので……。

索引

一章～四章の語を収録

＊数字は掲載ページを示す。